딸들에게 보내는 재테크 에세이 II

노후에는 준비할 수 없는 노후준비

노후에는 준비할 수 없는 노후준비
딸들에게 보내는 재테크 에세이 II

초판 1쇄 발행 2023년 6월 29일

지은이 김병연
펴낸이 장길수
펴낸곳 지식과감성#
출판등록 제2012-000081호

교정 한장희
디자인 서혜인
편집 서혜인, 오정은
검수 김서아, 정윤솔
마케팅 정연우

주소 서울시 금천구 벚꽃로298 대륭포스트타워6차 1212호
전화 070-4651-3730~4
팩스 070-4325-7006
이메일 ksbookup@naver.com
홈페이지 www.knsbookup.com

ISBN 979-11-392-1174-0(03320)
값 16,000원

- 이 책의 판권은 지은이에게 있습니다.
- 이 책 내용의 전부 또는 일부를 재사용하려면 반드시 지은이의 서면 동의를 받아야 합니다.
- 잘못된 책은 구입하신 곳에서 바꾸어 드립니다.

지식과감성#
홈페이지 바로가기

딸들에게 보내는 재테크 에세이 Ⅱ

노후에는 준비할 수 없는 노후준비

김병연 지음

목차

서문 : 언제 늙어 가는 징조를 느끼십니까?　　　　　　　　　　9

CHAPTER 1
당신은 생각보다 오래 살 수 있습니다

01　기대수명이 크게 늘었습니다　　　　　　　　　　　　　16
02　청려장도 못 받은 주제에　　　　　　　　　　　　　　21
03　영생의 길이 열리고 있습니다　　　　　　　　　　　　26
04　황혼의 반란　　　　　　　　　　　　　　　　　　　　31
05　노인을 위한 나라는 없다　　　　　　　　　　　　　　36

CHAPTER 2
오래 사는 만큼 더 많은 돈이 필요합니다

01　오래 살수록 더 많은 돈이 필요합니다　　　　　　　　44
02　생활비도 부족한데 의료비까지?　　　　　　　　　　　49
03　필요자금이 집중되는 퇴직 시점　　　　　　　　　　　55
04　금리 하락에 따라 더욱 증가하는 노후 부담　　　　　62
05　여성은 男다른 노후준비가 필요　　　　　　　　　　　69

CHAPTER 3
그 돈은 당신 스스로 준비해야 합니다

01	全 국민의 필수품 국민연금	78
02	국민연금만으로 노후준비 충분할까요?	83
03	안정적인 노후생활을 위한 퇴직연금	90
04	노후준비의 최강자 IRP	96
05	퇴직연금은 믿을 수 있을까?	101
06	늘어나는 황혼이혼	108
07	졸혼도 결국은 별거	113
08	자녀에게 기대는 것은 가능할까?	118
09	자녀들도 먹고 살기 힘들어	123
10	노후는 Self 부양	128

CHAPTER 4
그 준비는 지금 당장 시작되어야 합니다

01	직장인의 로망과 현실	136
02	퇴직 후에는 준비할 수 없는 노후준비	140
03	회사 함부로 나서지 마라	144
04	노후보다 은퇴를 준비하자	151
05	노후준비도 빨리빨리	156

CHAPTER 5
연금으로 준비하십시오

01	연금이 최고 아닐까요?	164
02	노후준비 연금으로 해야 하는 이유	169
03	우리나라의 연금제도	174
04	연금저축	180
05	연금보험	188

CHAPTER 6
은퇴준비에도 순서가 있습니다

01	은퇴설계 4단계	198
02	은퇴 목표 설정	203
03	은퇴자금 분석	209
04	은퇴자금 계산할 때 고려사항	215
05	은퇴 후 부족자금 해결 방법	220

CHAPTER 7
은퇴설계에 유용한 월지급식 상품

01	월지급식 예금과 즉시연금	232
02	월지급식 펀드	237
03	월지급식 ELS	241
04	리츠	248
05	기타 인컴형 투자상품	254

마무리 : 늙으면 돈은 인격이 됩니다   262

참고문헌   267

언제 늙어 가는 징조를 느끼십니까?

사람들은 언제 늙어 가는 징조를 느끼는 것일까요? 이런저런 것들이 많지만, 제 생각에는 가장 먼저 신체의 변화에서 늙어 가는 징조를 느끼지 않을까 싶습니다. 새치가 생기고 흰머리가 늘어 가는 만큼 나이가 쌓이고, 그 흰머리마저 하나둘씩 사라져 갈 때 늙어 가는 징조를 느끼게 됩니다. 저도 처음에 새치가 생겼을 때는 애들에게 새치 하나당 1만 원씩 주고 뽑으라 했는데, 점점 많아져 단가를 5천 원, 1천 원, 500원씩으로 낮췄더니 나중에는 안 뽑아 주더라고요.

저는 다행히 흰머리는 늘었어도 머리숱이 많아서 이발할 때 일부를 솎아 내기도 하는데, 제 '담배 같은 —별로 도움은 안 되지만 끊을 수도 없는— 친구'는 40대 초반부터 머리가 하나둘 빠지더니 이제 곧 '민두노총'이나 '무모(無毛)한 사람들 모임'에 가입해야 되지 않을까 싶기도 합니다. 머리털이 많이 없는 그 친구에게 "다른 털이라도 뽑아서 머리에 이식 좀 해라. 아쉬운 대로 매직이라도 좀 칠해 줄까?" 했더니 '총 털 불변의 법칙'이 있어 괜찮다고 합니다. 수염은 엄청 많거든요.

머리카락 말고도, 피부에 주름이 늘고, 이곳저곳 아프기 시작하는 신체적 변화가 늙어 가는 징조를 말해 줍니다. 몸이 예전 같지 않다는 것을 알게 되면서 '이제 나도 늙어 가는구나' 하는 생각을 하게 됩니다. 고등학교 졸업 후 30년 만에 동창회에서 만난 친구들을 보면 '어디서들 이렇게 늙어서 왔는지…' 하는 생각이 들었다가도 '친구들도 나를 보면 그렇게 느끼겠구나' 하는 생각이 들어 깜짝 놀라게 됩니다.

사람들은 외모의 변화뿐 아니라 내면에서 들리는 소리에도 늙어 가는 징조를 느낍니다. 괜히 서운함이 많아지고, 외로움이 깊어지면 늙어 가는 징조라고 합니다. 누군가 자신에게 잘해 주면 그가 누구든지 좋게만 보이거나, 잠을 깨면 다시 잠이 오지 않고 여러 가지 상념에 잠을 설치거나, 주변 사람들에게 기대하는 것이 많아지고, 인정을 받으면 흥분되고, 자기 생각과 다른 의견을 가진 사람들이 웬수 같아 보이는 것도 늙어 가는 징조라고 합니다.

또, 주위 상황의 변화에도 늙어 가는 징조를 느낍니다. 전에 지방에 강의를 갔다가 감기에 걸려 병원에 갔더니 간호사가 "아버님, 이쪽으로 오세요" 하는 바람에 깜짝 놀랐습니다. 저처럼 '아버님', '어머님', '어르신' 소리를 처음 듣고는 깜짝 놀랄 때, 더 나이가 들어 버스나 전철에서 경로석을 양보받게 될 때, 배우자와 낭만적인 무드를 살리기 위해서가 아니라 경제적 이유에서 불을 끄게 될 때, 문제의 답을 죄다 알고 있는

데 아무도 질문을 해 오지 않을 때, 아이들도 다 독립을 해서 떠나고 집 안에 빈 공간이 너무 많지만 약품 상자 속에는 여유 공간이 없을 때도 늙어 가는 징조를 느끼게 된다고 합니다.

문정희 시인은 『여자의 몸』이라는 대담집에서 "딸과 아내에서 어머니, 할머니가 되고 생명을 크게 품는 대지모가 되는 것만큼 아름답고 숭고한 삶은 없다"라고 말했습니다. 하지만 「할머니」라는 시에서는 "누구나 할머니를 좋아하지만 할머니가 되는 것을 싫어한다"라고 했습니다. 누구나 할머니를 좋아하지만, 정작 자신이 할머니가 되는 것은 싫어한다는 것이죠. 그런데 어디 여성만 그럴까요? 아들이 아비가 되고 할아버지로 늙어 가는 것도 똑같이 서글픈 일 아닐까요?

늙어 가는 것은 자연현상입니다. 어쩔 수 없는 일이죠. 그런데 100세 시대, 장수시대는 젊은 채로 나이가 더 들어 가는 것이 아니라, 늙은 채로 더 오래 살게 된다는 의미입니다. 늙으면 경제활동이 약화되거나 중단되어 소득은 적거나 없는데, 지출은 그대로이거나 몸이 아파 오히려 늘어날 수도 있습니다. 장수는 좋은 일이지만, 돈 없이 오래 사는 무전장수(無錢長壽)는 재앙이 될 수 있습니다. 가장 확실하고 슬픈 사실은 '노후에는 준비할 수 없는 것이 노후준비'라는 것입니다. 어떻게 해야 할까요?

인생은 크게 네 가지입니다. 첫째, 젊어서부터 열심히 돈을 모으고, 둘째, 미리미리 준비를 통해 늙어서 자식들에게 민폐를 끼치는 부모가 되지 말아야 하며, 셋째, 언제든 찾아올 수 있는 위험에 대한 대비를 하고, 그리고 마지막으로 이 세상을 떠날 때 무엇이든 가치 있는 것 하나쯤 남기고 가자는 것인데 이를 짧게 표현하면 '젊어서 저축', '늙어서 연금', '언제든 보장', 그리고 '아름다운 마무리'가 됩니다.

이 책은 '늙어서 연금'에 포커스를 두고, 대학 생활 혹은 사회생활을 시작하는 분들, 아직도 노후준비에 대한 인식이 부족한 사람들이 알아야 할 '노후와 연금'에 대한 기본 지식을 알려 주기 위해 썼습니다. 준비할 수 있는 시간은 짧아지고, 살아 내야 할 시간은 늘어나고 있는 시대에, 우리 딸들처럼 젊은 세대들이 미리미리 준비를 통해 부모 세대보다는 좀 더 나은 노후를 보내기를 바라는 마음을 담았습니다.

노후와 관련하여 젊은 세대들이 꼭 기억해야 할 것은 다섯 가지입니다. 첫째 생각보다 오래 살 수 있고, 둘째, 오래 사는 만큼 더 많은 돈이 필요하며, 셋째, 그 돈은 스스로 준비해야 하고, 넷째, 그 준비는 지금 당장 시작되어야 하며, 다섯째, 그 준비는 연금으로 하는 것이 좋다는 것입니다. 이 책은 지극히 당연하지만 평소에 잊고 살기 쉬운 이 다섯 가지를 상기시키기 위해 쓴 것이고 1장에서 5장까지 그 내용을 담았습니다.

그리고 나머지 두 개의 장은 '은퇴 설계 프로세스'와 목돈을 연금 형태로 활용할 수 있는 '월지급식 상품'들에 대한 이야기입니다. 노후준비를 못 했거나 충분하게 준비하지 못한 경우, 그동안 모은 보유자산을 활용하여 연금처럼 사용할 수 있는 방법들도 많습니다. 노후준비라는 산의 정상에 오르는 길이 한 가지만 있는 것은 아니니까요.

일단은 우리 젊은이들이 앞서 언급한 다섯 가지를 기초로, 노후 '3층보장'에 대한 준비를 잘 했으면 싶습니다. 수익성이 높은 투자 상품을 통해 큰돈을 모은 뒤 노후자금으로 활용하는 방법도 좋습니다. 하지만 오랜 경험상, 매월 일정액을 노후 연금제도나 상품에 묻어 두고 잊어버린 후 자신의 일에 집중하는 것이 더 좋은 노후준비 방법이라고 생각합니다.

지금의 젊은이들인 2030세대도 20~30년 뒤에는 더 이상 젊은이가 아닙니다. 초록이 깊어 단풍이 들듯이 젊음이 깊어지면 늙음이 오기 때문입니다. 그런데 늙은 후에는 노후를 준비할 수 없습니다. 그래서 젊은 지금 준비해야 합니다. 우리 젊은이들 모두 미리 계획하고 준비함으로써 편안하고 행복한 노후 되시길 기원합니다.

CHAPTER 1

당신은 생각보다
오래 살 수 있습니다

01
기대수명이
크게 늘었습니다

　노후와 관련하여 가장 먼저 살펴볼 것은 '나는 언제까지 살 수 있느냐' 하는 것입니다. 내가 언제까지 살게 될지는 알 수 없습니다. 물론, 주역(周易)이나 명리(命理)에 관한 공부를 많이 하면 내가 언제쯤 죽게 될지 알 수도 있습니다. 그러나 일반적인 사람들은 언제까지 살게 될지 알 수가 없습니다. 그래서 하나의 가정이 필요합니다. 매년 통계청에서 발표하는 "기대수명을 가지고 '기대수명'까지만 산다면"을 전제로 하면 노후와 관련된 것들을 유추해 낼 수 있습니다. 그런데 '기대수명'이 점점 높아지고 있습니다.

기대수명 추이

　2021년 생명표에 의하면, 2021년에 출생한 아이의 기대수명은 남녀 평균 83.6세입니다. 생명표는 현재의 연령별 사망 수준이 유지된다면 특정 연령의 사람이 향후 몇 세까지 살 수 있는지 추정한 통계표입니다.

생명표는 전국 읍·면·동 행정복지센터 및 시·구청에 접수된 사망신고 자료를 기초로 매년 통계청에서 발표하고 있습니다. 그리고 특정 연령의 사람이 앞으로 살 것으로 기대되는 연수를 '기대여명'이라고 하는데, 그해 태어난 0세의 기대여명은 '기대수명'이라고 합니다.

기대수명은 1970년 62.3세에서 1985년 68.9세, 2000년 76.0세 그리고 2021년 83.6세로 급격하게 늘어났습니다. 불과 50년 만에 21년 이상 늘어난 것입니다. 조선 시대 기대수명이 44세 정도에 불과했던 것에 비하면 거의 두 배를 더 살게 되었고, 삼국 시대 기대수명이 20세에도 미치지 못했던 것을 생각하면 거의 4배나 더 살게 되었습니다. 경제가 발달하면서 먹고사는 문제로부터 벗어날 수 있었고, 위생이나 건강을 관리하는 기술도 비교할 수 없을 만큼 좋아졌기 때문입니다.

과거에도 오래 산 사람들이 왜 없었을까요? 우리나라의 위대한 영웅 세종대왕과 이순신 장군은 똑같이 53년을 살았고, 우리나라 역사상 최고의 천재 정약용 선생은 74년을 살았습니다. 삼국 시대에도 원효대사는 69세, 태종 무열왕은 59세, 김유신 장군은 78세까지 살았습니다. 그런데도 전체적인 기대수명이 높지 않았던 것은 의료기술이 발달하지 못해 태어나자마자 죽거나, 먹을 것, 입을 것이 풍족하지 못해 쉽게 아프고, 치료도 제대로 받지 못해 일찍 죽는 사람들이 많았기 때문입니다. 거기다 전쟁터에 나가 싸우다 죽고, 각종 부역에 시달리다가 다치고 병들어 죽은 사람들도 많았습니다. 닭도 제 명대로 살게 하면 10년에서 30년을 산다는데, 닭만도 못한 삶을 산 사람들이 부지기수였다는 말이죠.

기대수명만 보더라도 큰 교훈을 얻을 수 있습니다. 간단히 말해 '평화로운 시대, 부유한 나라 국민은 오래 산다'는 것이고, 반대로 '가난한 사람은 일찍 죽는다'는 것입니다. 옛날 사람들도 제대로 먹고, 치료받을 수 있었다면 훨씬 더 오래 살았을 겁니다. 그런데 그 당시 상황이 그렇지 못했기 때문에 대부분 얼마 살지 못했던 것이죠. 따라서 개인은 가난에 시달리지 않도록 절약하고 저축하는 습관을 길러야 하고, 위정자들은 국민들이 전쟁과 같은 참화를 겪지 않고, 각종 범죄와 같은 것으로부터 생명을 위협받지 않으며, 잘 먹고, 건강하게 오래 살 수 있는 나라를 만들어야 한다는 것을 잊지 말아야 합니다.

◎ 남녀의 기대수명 차이

그런데 남녀의 기대수명에는 차이가 있습니다. 2021년 남자의 기대수명은 80.6세, 여자는 86.6세입니다. 여자가 남자보다 6년 정도 더 산다는 말입니다. 남자의 수명이 더 짧은 것은 남자들이 여자들보다 일도 더 하고, 술도 많이 먹고, 담배도 많이 피우고, 오래 살지 못할 짓을 많이 하기 때문입니다. 1970년 58.7세였던 남자의 기대수명은 2021년 80.6세로 21.9년이 늘었고, 여자의 기대수명은 1970년 65.8세에서 2020년 86.6세로 20.8년이 늘었습니다. 남녀의 기대수명 격차는 1960년 7.1년(65.8세-58.7세)에서 2020년 6년(86.6세-80.6세)으로 줄었습니다. 남자들도 점점 더 오래 살게 되었다는 말이죠.

※ 남녀 기대수명 추이(출처: 통계청)

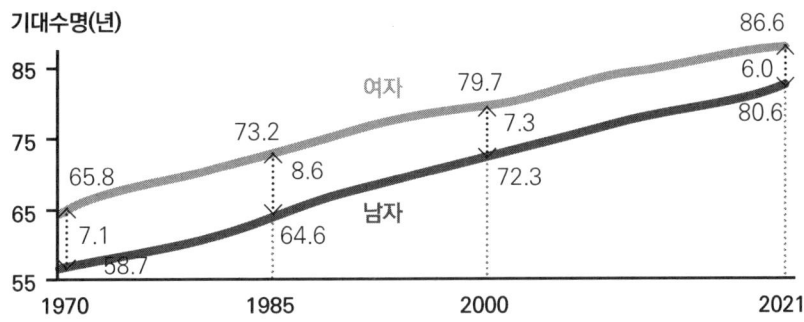

우리나라 사람들의 기대수명은 OECD 38개국 평균보다 남자는 2.9년, 여자는 3.5년이 더 높습니다. 남자의 경우 OECD 국가 중 우리나라보다 기대수명이 높은 나라는 7개국, 여자의 경우는 일본 하나밖에 없습니다. 영국의 한 연구팀에 따르면, 우리나라 2030년 출생자는 기대수명이 남자 84.1세, 여성 90.8세로 남녀 모두 세계 1위가 된다고 합니다. 최근 수년간, 여러 분야에서 국운이 상승하고 있는 우리나라가, 오래 사는 나라 순위에서도 1등으로 올라설 날이 머지않았습니다.

※ OECD 평균과 우리나라 기대수명 추이(출처: 통계청)

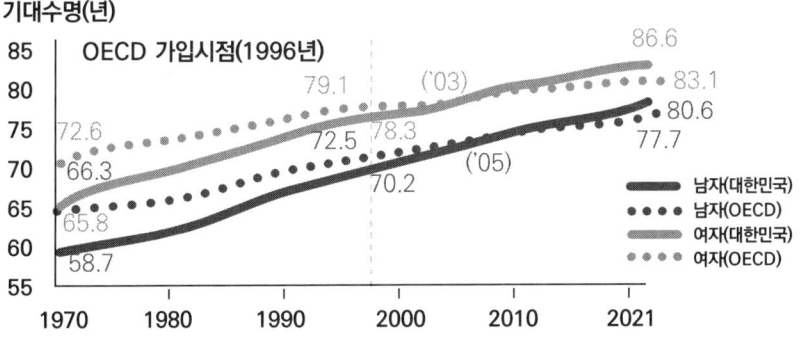

⊙ 당신도 생각보다 오래 살 가능성이 높다

한 해 사망한 사람들 중 가장 많이 사망한 사람들의 나이를 '최빈사망연령'이라고 합니다. 몇 년 전부터 100세 시대 이야기가 많은데, 100세 시대는 최빈사망연령이 90세가 넘는 경우를 말합니다. 한국보건사회연구원의 자료에 따르면 우리나라 사람들의 최빈사망연령(2015~2019년 기간의 5년 평균)은 남자 85.6세, 여자 90세라고 합니다. 2015년에서 2019년까지 사망한 0세부터 100세가 넘는 사람들 중에서 가장 많이 사망한 사람들의 평균 나이가 그렇다는 것이죠. 1970년대 초 남성 67.5세, 여성 80.9세였던 최빈사망연령도 기대수명의 연장과 함께 꾸준히 늘어나고 있습니다. 앞으로 더 나이가 들어 사망하는 사람이 많아질 것이고, 점점 더 오래 살게 될 것입니다. 당신도 그중의 한 사람입니다.

02
청려장도 못 받은 주제에

유엔(UN)에서는 전체 인구 중 65세 이상 고령자 인구 비율이 7%를 넘으면 '고령화 사회(aging society)', 14%를 넘으면 '고령 사회(aged society)', 20% 이상이면 '초고령 사회(super-aged society)'로 분류합니다. 우리나라는 영양과 위생 상태가 좋아지고 보건과 의료기술이 발전함에 따라 기대수명이 빠르게 늘어나고 있습니다. 반면, 갈수록 취업도 어렵고, 먹고 살기가 힘들어지면서, 결혼과 출산을 기피하는 젊은이들이 늘어남에 따라, 빠른 속도로 늙어 가고 있습니다.

◉ 늙어 가는 대한민국

우리나라는 2000년에 '고령화 사회'에 진입했고, 2017년에는 고령 인구가 711만 5,000명으로 전체 인구의 14.2%를 차지해 '고령 사회'가 되었습니다. '고령화 사회'에서 '고령 사회'로 넘어가는 데 얼마 걸리지 않았습니다. 우리나라를 대표하는 '빨리빨리' 문화가 여기에도 적용이 되는지, 프랑스가 115년, 미국이 73년, 독일이 40년, 그리고 고령화 속도가 가장 빠르다는 일본도 24년(1970년→1994년) 걸린 일을 17년 만에 해낸 것입니다.

※ 주요국 인구 고령화 속도(출처: 통계청 장래인구추계, 2006)

구분	우리나라	일본	프랑스	독일	미국
고령화사회	2000년	1970년	1865년	1930년	1945년
고령사회	2017년	1994년	1979년	1972년	2014년
초고령사회	2025년	2005년	2008년	2007년	2033년
7%에서 20% 도달기간	25년	35년	143년	77년	88년

e-나라지표에 따르면, 2020년 우리나라 총인구는 약 5,184만 명입니다. 그중에 65세 이상 노인 인구가 약 815만 명으로 15.7%를 차지했습니다. '고령 사회'가 확실한 것이죠. 통계청에서는 2026년이 되면 우리나라가 고령자 비율이 20%가 넘는 '초고령 사회'에 진입할 것으로 전망하고 있습니다. 고령 사회에 진입한 지 불과 9년 만의 일이 될 전망이니, 이 또한 세계 최고 속도입니다. 인구 100명 중 20명이 노인인 나라가 될 날이 머지않았습니다.

행정안전부 주민등록 인구통계에 따르면, 2020년 12월 기준 80세 이상 인구는 200만 3,794명입니다. 80세 이상 인구가 200만 명을 넘긴 것은 처음 있는 일입니다. 80세 이상 인구는 2011년 처음으로 100만 명을 돌파한 데 이어, 2015년 140만 명, 그리고 다시 200만 명을 넘어섰습니다. 80세 이상 인구는 매년 10만 명 이상 늘어나고 있습니다. 그 증가 속도가 가히 폭발적입니다. 이제 노인정에 가면 70세인 사람이 막내일 정도가 되었습니다. 그럼 100세 이상 인구는 얼마나 될까요?

100세 이상자 수

초고령 사회인 일본에서는 100세 이상 인구가 2019년 7만 1,238명으로 사상 처음 7만 명을 돌파했고 2020년에는 8만 명을 넘어섰습니다. 일본에서는 1963년부터 100세 이상 고령자 통계를 내기 시작했는데, 그 당시 153명에 불과했던 100세 이상 인구가 1981년에 1,000명대, 1998년 1만 명대를 돌파하는 등 빠른 속도로 늘었습니다. 일본의 국립 사회보장 인구문제 연구소에서는 2029년이 되면 100세 이상 인구가 18만 명을 넘을 것으로 전망하고 있습니다.

일본 인구는 1억 2,600만 명 정도로 우리나라보다 약 2.4배 정도 많습니다. 인구비율로 볼 때 우리나라 2019년 100세 이상 인구는 약 3만 명 정도가 되어야 할 것 같은데 어떨까요? 2018년 보건복지부는 제22회 노인의 날(10월 2일) 기념식을 개최하면서 '올해 100세를 맞이한 노인은 1,343명이고, 100세 이상 총인구수는 1만 8,505명'이라고 발표했습니다. 4년이 지났으니 지금은 2만 명이 넘었을 것 같습니다. 인구 고령화에 따라 100세 이상자도 무섭게 늘어나고 있는 것이죠.

우리나라에서는 100세를 맞은 노인들에게 대통령의 축하 카드와 '청려장(靑藜杖)'을 선물하고 있습니다. 통일 신라 시대부터 조선 시대까지

임금님이 장수 노인에게 청려장을 하사한 전통을 계승한 것입니다. 청려장은 1년생 잡초인 명아주의 줄기로 만든 지팡이인데, 재질이 가볍고 단단하며 기품과 품위가 있는 모양이며 '건강'과 '장수'를 상징합니다. 『본초강목』 등 여러 의서(醫書)에는 "청려장을 짚고 다니면 중풍에 걸리지 않는다"라는 기록이 있습니다. 일본에서는 총리 명의의 축하장과 은도금한 잔(銀杯)을 선물하고 있습니다.

기대수명의 함정

2021년 현재 우리나라 사람들의 기대수명은 83.6세이지만 여기에는 함정이 있습니다.

※ 성별, 연령별 기대여명 및 기대수명

구분		0세	10세	20세	30세	40세	50세	60세	70세	80세	90세	100세
남자	기대여명	80.6	70.9	61.0	51.3	41.7	32.3	23.5	15.4	8.5	4.2	2.1
	기대수명	80.6	80.9	81.0	81.3	81.7	82.3	83.5	85.4	88.5	94.2	102.1
여자	기대여명	86.6	76.9	67.0	57.1	47.4	37.8	28.4	19.2	11.0	5.3	2.5
	기대수명	86.6	86.9	87.0	87.1	87.4	87.8	88.4	89.2	91.0	95.3	102.5

기대수명은 그해 태어난 0세의 기대여명을 말하는 것이지 모든 사람들이 평균적으로 83.6세까지 산다는 의미가 아닙니다. 2021년 생명표에서 0세인 여자아이의 기대수명은 86.6세지만, 50세인 여성의 기대여

명은 37.8세이니, 50세 여성의 기대수명은 87.8세(50세+37.8세)가 됩니다. 0세 이상인 사람들의 기대수명은 적어도 0세의 기대수명보다는 더 깁니다. 흔히 생각하는 것보다 더 오래 살 수 있다는 것이죠.

100세는 넘어야 노인 대접?

전 세계적인 고령화 추세에 따라 2015년에 유엔(UN)이 평생 연령 기준을 5단계로 재정립해서 발표했다는 소문이 한때 인터넷에 떠돌기도 했습니다. 0세부터 17세까지는 미성년(Underage), 18세부터 65세까지는 청년(Youth), 66세부터 79세까지는 중년(Middle aged), 80세부터 99세까지는 노년(Elderly), 그리고 100세 이상은 장수 노인(Long lived Elderly)이라고 규정했다는 것이죠. 출처가 불분명하지만 그럴싸한 이야기 같기도 합니다. 그만큼 오래 사는 사람이 많아졌다는 것이죠.

언젠가는 정말, 100세는 되어야 노인 대접을 받을 수 있을지도 모릅니다. 지금은 만 65세가 되면 '경로우대증'이 나오지만, 나중에는 100세가 되어야 받을 수 있는 청려장이 경로우대증을 대신하게 되는 것은 아닌지 모릅니다. 경로당에 나가 나이 좀 먹었다고 어르신들 말씀에 끼어들었다가는 '청려장도 못 받은 어린놈이 주제넘게 나선다' 하고 타박을 받을지도 모릅니다. 불로장생을 꿈꾸었지만, 49세에 사망한 진시황이, 기대수명의 반(半)도 못 살았다고 지하에서 통탄할 수도 있습니다. 100세 시대가 열리고 있습니다. 불로장생(不老長生)을 꿈꾸었던 진시황의 몫까지 더해 오래오래 사십시오.

03
영생의 길이 열리고 있습니다

  2022년 9월 8일 영국의 엘리자베스 2세 여왕이 96세를 일기로 서거했습니다. 여왕을 외조(外助)하며 73년을 해로해 온 남편 '필립 공'은 100세를 두 달 앞둔 2021년 4월 9일 사망했습니다. 여왕의 남편으로 '헌법상, 나는 존재하지 않는다', '내가 할 일은 첫째도, 둘째도 그리고 마지막도 결코 여왕을 실망시키지 않는 것'이라고 말했던 필립 공은, 감염증 치료를 위해 입원했다가 심장 수술을 받고 4주 만에 퇴원했습니다. 그러나 노환과 수술 후유증을 이기지 못해 사망한 것으로 보입니다.

의료기술의 발전에 따른 수명연장

  2020년 12월 우리나라에서 100세인 폐암 환자의 수술에 성공했습니다. 100세 이상 폐암 환자의 수술에 성공한 것은 세계에서 처음 있는 일이었다고 합니다. 90세가 넘는 고령자가 폐암을 진단받으면, 수술에 대한 두려움 등으로 적극적인 치료를 주저하지만, 의학 기술의 발전으로 이제 안전한 수술도 가능하다고 합니다. 나이가 문제는 아니라는 것이죠. 필립 공이 우리나라에서 수술을 받았다면 100세를 넘겼을지도 모릅니다.

몇 년 전, 한류에 빠져 우리나라를 찾았던 50대 외국 여성은 한쪽 뇌혈관이 막혀 쓰러졌지만, 서울성모병원 의료진의 도움을 받아 목숨을 구했습니다. 마비가 심해 좌측 팔다리를 전혀 움직일 수 없는 상태였고, 언어중추까지 마비되어 말조차 할 수 없는 상황이었지만, 신속하게 혈전용해제를 투여하고 혈관을 뚫는 시술을 시행한 결과, 기적적으로 회복이 되었습니다. 한국에 대한 사랑이 자신의 생명을 구한 것입니다.

또 다른 사례도 있습니다. 우리나라에 출장 온 66세의 외국인이 119 구급차에 실려 고대 구로병원으로 이송되었습니다. 그 외국인은 심장이 정지되고 의식도 없는 상태였지만 팀워크를 이룬 의료진의 신속하고 헌신적인 치료 덕분에 구사일생으로 목숨을 건질 수 있었습니다. 고국으로 돌아가면서 그는 "세계 어느 곳에서도 볼 수 없는 완벽한 응급의료 시스템과 팀워크가 나를 살렸다"며 "절박했던 순간 내가 이곳에 온 것은 행운이었다"라고 말했습니다. 우리나라 의료기술은 세계 최고 수준입니다.

앞으로 의료기술의 발달은 더욱 가속화될 것으로 보입니다. 2021년 생명표에서는 암을 제거할 경우, 2021년 출생아의 기대수명은 남녀 평균 3.5년이 더 늘어난다고 했습니다. 그런데 유엔 미래보고서에 따르면, 2026년에는 장기도 프린트할 수 있게 되고, 유전자 변형과 치료를 통해 질병에 대비할 수 있게 되며, 2030년에는 암도 마침내 정복이 될 것이라고 합니다. 지긋지긋한 암이 정복되면 확실히 더 오래 살 것 같기는 한데, 그렇다면 사람은 최대 얼마나 살 수 있을까요?

인간의 최대 수명

2001년 미국에서 인간의 최대 수명을 두고 내기가 벌어졌습니다. 텍사스대 스티븐 오스터드 교수는 "지금 있는 어린이들 중 일부는 150세까지 살 수 있을 것"이라고 말했습니다. 이에 반하여, 일리노이대 스튜어트 올샨스키 교수는 130세를 넘길 수 없다고 주장했습니다. 2150년 1월 1일까지 150살을 먹은 사람이 나타나면 오스터드 교수의 상속인은 5억 달러를 받게 됩니다. 결과가 어떻게 될까요? 지금 현존하는 사람들 대부분은 그 전에 돌아가실 것이기 때문에 그 결과를 볼 수 없지만, 아마 오스터드 교수의 상속인은 큰돈을 받을 것 같습니다. 희망이 보이기 때문입니다.

2021년 현재 공인된 세계 최고령자는 카네 다나카라는 일본 할머니입니다. 라이트 형제가 맨 처음 동력 비행을 했던 1903년 1월에 태어났습니다. 『1984』의 작가 조지 오웰(1903~1943)과 같은 해에 태어난 것이죠. 이 할머니는 2019년 3월, 기네스북이 인정한 '세계 최고령자'가 되었습니다. 118세 생일을 맞아 '맛있는 것을 먹고, 공부하는 것'이 장수의 비결이라고 하면서 '120세까지 살고 싶다'는 소망을 말했던 그 할머니는 2022년 4월, 119세를 일기로 세상을 떠났습니다.

2020년 11월에는 말레이시아에서 '탈리브 오마르'라고 하는 할아버지가 코로나로 인해 사망했는데, 유족들은 그 할아버지 나이가 130세라고 했습니다. 유족들의 주장이 맞다면 세계에서 가장 오래 산 사람이 된다고 하는데, 그것도 정확하지는 않은 것 같습니다. 지난 2016년에는 브라질의 작은 시골 마을에 사는 당시 131세의 할아버지가 언론에 소개되기도 했으니까 말이죠. 갑신정변이 일어난 1884년에 태어난 그 할아버지가 지금도 살아 있다면 138세이고, 세계 최고령 할아버지가 됩니다. 130세를 한계로 주장한 올샨스키 교수의 주장은 이미 깨지고 만 것 아닌가 싶습니다.

영생의 길이 열리는 중

인간은 신(神)의 영역에 거침없이 도전하여, 늙지 않고 궁극적으로 죽지 않는 방법을 찾아내려고 합니다. 유엔(UN)은 2009년 '세계인구 고령화(World Population Aging) 보고서'에서 평균수명이 100세를 넘는 '호모 헌드레드(homo hundred) 시대'의 도래를 예고했습니다. 우리나라를 대표하는 미래학자인 박영숙은 '유엔(UN) 미래 보고서 2045'에서 첨단 의료기술의 발달에 따라 2045년에는 평균수명이 130세에 달하게 된다고 주장했습니다. 미국의 미래학자 레이 커즈와일은 "2045년경에는 인간의 몸속에 나노 로봇을 넣어 노화를 막을 수 있고, 영원히 사는 시대가 온다"라고 말했습니다. 정말 영생의 시대가 열릴까요?

우리나라 사람 1000명 가운데 16명꼴로 100세를 산다는 통계가 있습니다. 사서삼경(四書三經) 중 하나인 상서(尙書)에서는 "사람은 120살까지 살 수 있다"라고 했습니다. 『동의보감』에서는 사람의 본래 수명을 4만 3,200일, 약 120세로 보았습니다. 생물학자들에 따르면 포유동물의 수명은 성장 기간의 5배라고 합니다. "쥐는 성장 기간이 두 달이니

수명이 10개월, 소는 성장 기간이 3년이니 수명이 15년, 사람은 25세까지 성장을 하니 125세까지 살 수 있다"라고 하는데 설득력이 있어 보입니다. 최근 들어 100세 시대가 아니라 120세 시대라고 말하는 사람도 많아졌습니다. 앞으로 영생은 아니더라도 오래 사는 것은 문제가 아닐 것 같습니다. 어떻게 사느냐가 문제인 것이죠. 장수시대, 어떻게 살아야 할까요?

04
황혼의 반란

🕓 창문 넘어 도망친 100세 노인

스웨덴의 소설가 요나스 요나손(1961~)이 2009년에 출간한 『창문 넘어 도망친 100세 노인』이라는 소설이 있습니다. 인구 9백만 명밖에 안 되는 스웨덴에서 1백만 부 이상 팔렸고, 전 세계적으로 800만 부 이상이 팔린 작품입니다. 황당한 설정이 많지만, 어느 노인이 살아온 100년의 세월을 코믹하고 유쾌하게 그려 낸 작품입니다. 영화로도 제작이 되어 2013년 국내에 개봉되기도 했는데, 주요 내용은 다음과 같습니다.

알란이라고 하는 노인이 100세 생일날 양로원의 창문을 넘어 탈출합니다. 자신이 아끼는 고양이를 물어 죽인 여우를 폭사시켜 양로원으로 잡혀 들어온 그는 자신의 핵심 가치인 자유를 포기할 수 없습니다. 100세가 되었지만 죽음을 기다리기보다, 새로운 인생을 찾아 떠납니다. 그런데 도주하는 과정에서 우연히 갱단의 돈 가방을 잘못 맡는 바람에 갱단과 경찰에 쫓기는 신세가 됩니다. 마치 시한폭탄 같은 그의 여정에 많은 사건이 전개되지만, 모든 것이 잘 마무리되면서 소설은 해피 엔딩으로 끝납니다.

이 소설의 또 다른 한 축은 노인이 살아온 100년의 이야기입니다. 20대에는 스페인 내전에 참전했다가 스페인의 독재자 프랑코 장군의 목숨을 구하고, 30대에는 원자폭탄이 개발된 곳에서 일하다가 해리 트루먼의 멘토가 됩니다. 40대에는 마오쩌둥의 아내를 구하고, 스탈린을 만났다가 반동으로 몰려 노역을 하게 됩니다. 50대에 탈출하여 김일성을 만났다가 위기에 처하지만 극적으로 목숨을 구합니다. 60대에는 존슨 대통령을 만나 70대에는 모스크바에서 미국 스파이로 활동합니다. 세계사의 주요 장면이 이 소설 한 권에 들어 있습니다. 마치 전래동화 여러 개를 이어 붙인 것 같습니다.

이 노인은 노인 이전에 자유롭고 좌절을 모르는 인간입니다. 부모가 일찍 죽고, 폭탄을 실험하다 정신병원에 수용되고, 생체실험으로 남성 기능을 상실하고, 수용소에 수감되는 등 힘든 상황이 많았지만 굴하지 않습니다. 이 노인의 입을 통해 작가가 말하고 싶은 것은 '소중한 시간이 오면 따지지 말고 누려라. 우리에게 내일이 있으리라는 보장이 없다'는 것입니다. 우리 사회에 유행하는 라틴어 '카르페 디엠(Carpe Diem)', 직역하면 '현재를 잡아라', 또는 '현재에 충실하라'와 같은 메시지를 던지고 있다고 할까요?

노인은 나이가 아니라 생각과 행동을 구분 짓는 개념일 것입니다. 나이를 먹어도 생각과 행동이 젊은 사람이 있고, 젊지만 생각과 행동이 고루한 사람도 있습니다. 그런데 늙어서도 이 노인처럼 자신만만한 삶을 이어 나갈 수 있는 사람들이 얼마나 될까요? 나이가 아무리 많아도 생각이 젊고, 행동도 거침이 없으니 노인이 아니라고 주장할 수 있지만, 남들의 눈에도 그렇게 보일까요? 젊은이들에게 노인이 되는 것은 먼 미래의 일이고, 지금 당장 급한 것은 먹고 사는 일입니다. 그들에게 있어 노인들은 짐입니다. 장수시대가 되고, 노인들이 많아지는 것이 결코 달갑잖은 일입니다.

황혼의 반란

자신의 조국보다 우리나라에서 더 유명한 프랑스 작가, 베르베르 베르나르가 2005년 출간한 『나무』는 그가 쓴 여러 단편 소설들을 묶은 책입니다. 그 속에 「황혼의 반란」이라고 하는 작은 소설이 하나 있습니다. 베르베르가 한 양로원을 방문하고 나서 쓴 작품인데, 미래판 고려장 같은 이야기입니다. 고려장은 일본의 에도시대에 늙고 병든 사람을 지게에 지고 산에 가서 버렸다는 풍속입니다. 일제 강점기 때 왜놈들이 우리나라를 악의적으로 왜곡할 목적으로 날조하여 퍼뜨린 것입니다.

「황혼의 반란」 내용은 이렇습니다. 기대수명이 길어져 초고령 사회가 된 나라가 있습니다. 늘어나는 노인들 때문에 사회보장제도에 적자가 생기고, 젊은이들에게는 희망이 없어 보입니다. '노인은 일은 안 하고 밥만 축낸다'는 인식이 사회 전반에 급격히 퍼집니다. 노인들은 국가재정을 축내는 사람들일 뿐입니다. 레스토랑 같은 곳에는 '70세 이상 출입금지' 푯말이 붙습니다. 보건복지부에서는 '65세는 괜찮아요. 70세요? 손해의 시작이죠'라고 적힌 포스터를 붙입니다.

대통령은 "노인들을 불사조로 만들 수는 없다"라고 선언합니다. 70세 이상의 노인에 대해 약값과 치료비 지급을 제한하는 조치가 내려집니다. '노인배척법'이 제정됩니다. 자식들은 늙은 부모를 버립니다. 노인들은 '휴식 평화 안락 센터(CDPD)'라고 하는 수용소로 끌려갑니다. 그곳은 노인들을 서서히 죽음에 이르게 하는 곳입니다. 얼른 죽지 않으면 독극물 주사를 맞고 생을 마감해야 합니다.

70대의 프레드 씨 부부가 있습니다. 그들은 노인수용소로 잡혀가기 전, 노인들을 잡으러 다니는 버스를 탈취합니다. 그리고 미리 잡혀 와 있던 노인들과 함께 산속으로 들어가 노인들만의 나라를 만듭니다. 그리고 반정부 투쟁을 벌이기 시작합니다. 당황한 정부는 치명적인 독감 바이러스를 퍼뜨립니다. 노인들은 속수무책으로 죽어 갑니다. 노인들의 반란은 곧 진압이 되고 프레드 부부도 잡혀서 죽습니다. 죽기 전, 프레드는 극약 주사를 놓으러 온 젊은이에게 마지막으로 한마디 합니다. "자네도 언젠가 노인이 될 것이네"라고 말이죠.

노인의 지혜만으로는 부족

장수(長壽) 시대는 인류의 숙원이 실현된 것입니다. 하지만 그것은 또 다른 재앙과 맞닿아 있다는 것을 베르베르의 소설이 말해 줍니다. '노인'이라는 글자 속에는 지혜로운 사람이라는 뜻이 담겨 있습니다. 하지만 오늘날의 세태는 노인을 '지혜가 많은 사람'보다는, '도움도 안 되면서 얼른 죽지도 않는 사람'이라고 여기는 것 같습니다. 경제가 먼저고,

돈이 먼저이기 때문입니다. 노인 중에 돈 없는 사람은 'NO人(노인)' 취급을 받기 쉽습니다. 나이가 드는 것은 어쩔 수 없지만, 늙어서까지 사람대접을 받으려면, 노인의 '지혜' 그 이상의 것이 필요해 보입니다.

05
노인을 위한 나라는 없다

　노인(老人)은 늙은 사람이란 뜻입니다. 늙을 노(老) 자는 토(土)와 별(丿)과 비(匕)가 합쳐진 글자입니다. 토(土)는 완성과 열매를 뜻하는 십(十)과 씨앗과 땅을 의미하는 일(一)이 합쳐져 씨를 뿌려 열매를 맺는 곳이라는 뜻이 됩니다. 별(丿)은 빛이 비치는 것, 탄생하는 것, 삶(生)을 의미합니다. 비(匕)는 원래 갑골문자에서 사람이 기도하듯이 손을 모으고 서 있는 모습(亻)입니다. 비(匕)는 칼 같은 비수를 뜻하니, 노(老)자는 생명이 칼끝 위에 놓여 있는 모습, 즉 죽음을 앞두고 있는 사람의 모습이라고 할 수도 있습니다.

　토(土) 속에 들어 있는 십(十) 자는 하늘(一)과 ㅣ땅(丨), 공간(一)과 시간(丨), 양(一)과 음(丨), 공(一)과 색(丨), 남자(一)와 여자(丨), 도(道)와 덕(德)이 만나 열린 새로운 열매입니다. 열매는 완성의 종점이자 새로운 씨앗의 시작점으로 완성체이니, 우주 삼라만상을 관장하는 하느님을 상징합니다. 그래서 기독교에서는 십자가 앞에서 기도를 하고, 무덤 앞에 십자가를 세우는지도 모릅니다. 이런 것들을 종합하면, 노인은 완성의 경지에 이른 사람이고, 죽음을 앞두고 새로운 생명, 새로운 지혜의 탄생, 새로운 세상을 위해 기도하는 사람이라고 보면 좋을 것 같습니다.

현명한 노인

　인도에서 어떤 왕이 깨끗하고 아름답고 씩씩한 나라를 만들기 위해, 늙고 잔소리만 많은 노인들을 다 없애 버리라고 지시했습니다. 신하들은 "아이가 어른이 되고, 어른이 늙은이가 되며, 나이 먹어 늙는 것도 서러운데, 어떻게 자신을 낳아 준 부모님들을 버릴 수 있느냐"며 반대를 했지만 왕은 막무가내였습니다. 신하 중 한 사람은 차마 할아버지를 죽일 수가 없어 동굴에 숨겨 놓고 거짓으로 장사까지 지냈습니다. 그런데 며칠 뒤 왕의 꿈속에 신(神)이 나타나 문제를 내면서 맞히지 못하면 나라를 없애 버리겠다고 협박했습니다.

　신이 내놓은 문제는 '두 마리의 말이 있는데 보기에는 똑같지만 하나는 어미이고 하나는 자식이다. 어느 말이 어미이고 어느 말이 자식이냐'는 것이었습니다. 너무 놀랍고 무서워서 벌벌 떨며 꿈에서 깨어난 왕은 신하들을 불러 놓고 몇 날 며칠 동안 의논을 했지만 누구도 시원한 답을 내놓지 못했습니다. 그러던 중 할아버지를 숨겨 둔 신하가 왕에게 "집에 돌아가 곰곰이 생각해 보겠다"라고 말했습니다. 궁궐을 나온 신하는 동굴로 달려가 할아버지에게 문제를 알려 주고 답을 가르쳐 달라고 했습니다.

　할아버지는 어려운 문제가 아니라며 "두 마리 말 앞에 풀을 주어 보아라. 반드시 어미 말은 새끼 말에게 먼저 먹일 것이다"라고 말했습니다. 신하는 "아! 그렇군요. 사람이나 짐승이 뭐가 다르겠습니까?"라고 말하고, 왕에게 달려가 답을 알려 주었습니다. 왕이 기뻐하며 신하에게 큰 상을 내리려고 하자, 신하는 동굴에 숨긴 할아버지가 그 답을 알려 주었다는 사실을 고하며 왕명을 어긴 데 대한 용서를 빌었습니다. 그제야 왕은 크게 뉘우치고 그 할아버지에게 큰 상을 내리고 전국에 노인 사면령을 내렸습니다. 이는 불경에 나오는 이야기인데, 노인은 배척의 대상이 아니라, 존경받아야 할 사람이라는 것이죠.

노인의 현실

노인은 살아온 세월만큼 연륜이 깊고 삶의 지혜가 풍부한 사람입니다. "노인 한 명이 사라지는 것은 도서관 하나가 없어지는 것이다"라는 아프리카 속담도 있습니다. 이런 노인들이 많아질수록 더 지혜롭고 현명하고 성숙한 유토피아(Utopia) 같은 사회가 되어 좋을 것 같습니다. 누구나 삶이 힘겨울 때면 언제나 노인들로부터 경험과 지혜를 얻을 수 있는 곳 말이죠. 하지만 현실은 그렇지 못합니다. 노인들은 그저 복지 부담을 늘리고 사회적 적자를 늘리는 귀찮은 존재일 뿐이라는 시각도 있습니다. 앞서 이야기한 「황혼의 반란」은 고령화 사회의 극단적 갈등이 빚어낸 디스토피아(Dystopia)의 모습입니다.

2012년 개봉되었던 영화 「은교」에는 한 노인의 사랑과 순정이 담겨 있습니다. 늙은 시인(詩人)은 우연히 만난 은교를 통해 풋풋한 젊음과 감춰 왔던 욕망을 깨닫지만, 어찌할 수 없이 늙은 자신의 모습에 절망하며 소설을 씁니다. 패기 넘치는 젊은 제자는 스승의 인정을 받지 못하자 스승의 욕망의 대상인 은교의 육체를 취하고, 스승이 쓴 소설 「은교」를 훔쳐서 상을 받습니다. 늙은 시인이 제자에게 말합니다. "너희 젊음이 너희 노력으로 얻은 상이 아니듯, 내 늙음도 내 잘못으로 받은 벌이 아니다"라고 말이죠. 단지 늙었다는 이유로 벌어지는 부당함과 차별에 대한 항변과도 같습니다.

조옥현이라고 하는 분이 33년 동안 교직에 있다가 정년 퇴임 후 틈틈이 쓴 일기를 엮어, 『나이 들면 추억하는 것은 모두 슬프다』라는 시집을 냈습니다. 그 속에는 노인들의 현주소가 담겨 있습니다. 그 속에 그려진 노인의 모습은 "거울에 비친 내 모양새가 초라하고 불쌍하다. 무상(無常)한 세월이 그렇게 만들었다. 젊은 사람들이나 어린 사람들이 상대해 주지 않는다. 아무것도 아닌 것으로 취급된다. 고함이라도 쳐서 저항하고 싶다. 전화벨 소리도 울리지 않는다. 하루 종일 견디기 힘든 시간이 그렇게 가고 있다"입니다. 무료한 일상, 무기력한 노인의 모습이 떠올라 가슴이 아픕니다.

노인의 지혜가 필요치 않은 사회

인간은 시간 앞에서 자유로울 수 없습니다. 누구나 머지않아 노인이 됩니다. 늙고 싶어서 늙는 사람은 아무도 없습니다. 늙어서도 하고 싶은 일은 많습니다. 육체가 늙는 것이지, 욕망이 늙는 것은 아닙니다. 그럼에도 불구하고 단지 늙었다는 이유로 어쩔 수 없이 겪어야 하는 것들이 많습니다. 그리고 세상은 너무 급박하게 변해, 노인의 지혜를 그다지 원치 않는 방향으로 흘러가고 있습니다. 비록 오랜 경험과 지혜를 소유하고 있지만, 현실은 노인이 예측한 대로 흘러가지도 않습니다.

제목에서 예상되는 이미지와 다르게 폭력적이고 잔인한 영화 「노인을 위한 나라는 없다(That is no country for old men)」는 세상이 점점 노인들이 살 만한 세상이 아닌 곳으로 변해 가고 있다는 것을 보여줍니다. 오래 사는 것이 축복이 아니라, 오래 사는 만큼 못 볼 것을 더 많이 보고, 뜻하지 않은 일과 더 많이 마주하게 될지도 모른다는 것이죠. 정말로 세상은 점점 더 노인들, 특히 돈 없고 힘없는 노인들에게 냉담한 곳으로 바뀌어 가고 있는지도 모릅니다. 이런 사실을 조금이라도 더 일찍 깨닫고, 노후의 삶에 대비해야 하겠습니다.

CHAPTER 2

오래 사는 만큼
더 많은 돈이 필요합니다

01
오래 살수록
더 많은 돈이 필요합니다

노후와 관련하여 두 번째로 살펴볼 것은 '오래 살수록 더 많은 돈이 필요하다'는 것입니다. 한 사람이 1년 동안 살아가는 데 필요한 돈은 얼마나 될까요? 돈은 벌기는 어려워도 쓰기는 쉬워서 쓰려고 마음을 먹으면 아무리 돈이 많아도 부족할 것입니다. 요즘은 라면 한 그릇도 4~5천 원, 설렁탕 한 그릇은 8천 원이 넘습니다.

◉ 최저생계비로 계산한 노후자금

2000년 10월부터 시행된 국민기초생활지원제도에 따라 소득인정액이 중위소득의 30~50% 이하로 최저생계비에 못 미치는 사람들은 '생계급여'(중위소득의 30% 이하), '의료급여'(40% 이하), '주거급여'(45% 이하), '교육급여'(50% 이하)를 지급받을 수 있습니다. 사회안전망 확보 차원에서 저소득층, 장애인, 여성, 노인 등 특수계층을 보호하기 위한 제도입니다.

이에 따른 2023년 1인 가구의 중위소득은 2,077,892원이고, 중위소득의 30%는 623,368원, 40%는 831,156원, 45%는 935,051원, 50%는 1,038,946원입니다. 소득인정액이 이 금액 이하인 기초생활 수급자들은 여러 가지 급여를 현금 또는 현물로 지원받을 수 있습니다. 예를 들어 1인 가구의 소득인정액이 30만 원이라면 최저생계비 623,368원에서 30만 원을 뺀 323,368원을 국가가 지원하는 것이죠.

※ 2023년 기준중위소득(출처: 보건복지부)

구분	1인	2인	3인	4인	5인	6인
'22년	194만 4,812원	326만 85원	419만 4,701원	512만 1,080원	602만 4,515원	690만 7,004원
'23년	207만 7,892원	345만 6,155원	443만 4,816원	540만 964원	633만 688원	722만 7,981원

1인 가구 최저생계비 623,368원을 기초로 한 1년 치 생활비는 748만 416원입니다. 혼자 사는 데 최저생계비로 그 정도는 있어야 한다는 것이죠. 10년이면 약 7,480만 원, 20년이면 약 1억 5,000만 원입니다. 국가에서 지원을 받더라도, 62만 원 정도를 가지고 한 달을 살 수 있나요? 자기 집이라도 있으면 다행인데, 집세 내고, 쌀 사고, 부식 사고, 교통비에, 통신료에, 전기세에, 난방비 내고, 병원비 내고… 돈 들어갈 곳은 끝이 없습니다. 혼자 살아가는 데도 이렇게 많이 드는 것이죠.

⏰ 예상보다 빨리 늘어나는 노후 필요자금

기대수명이 늘어나고 있는데 오래 살면 돈은 얼마나 필요할까요?

2010년 잡코리아에서 2030 젊은 세대들을 대상으로 노후준비와 관련된 설문조사를 실시했습니다. '노후 월 생활비로 얼마 정도가 있으면 되겠냐'고 물었더니 응답자들이 답한 평균 금액이 181만 원이었습니다. 2010년 당시 기대수명이 79.6세였으니까, 60세에 퇴직해서 기대수명까지 산다면 20.6년을 살게 되는 것이고, 거기다 월 노후생활비 181만 원을 곱하면 총 필요 노후자금은 4억 4,743만 원이 나왔습니다. 이것도 사실 엄청나게 많은 금액이죠.

※ 노후 필요 생활비(출처: 잡코리아)

연도	2010	2020	2030	2040	2050
기대수명	79.6세	81.5세	83.1세	84.6세	86세
수명연장	-	1.9년	3.5년	5년	6.4년
생활기간 (60세부터)	20.6년	22.5년	24.1년	25.6년	27년
생활비 누계	44,743	48,870	52,345	55,603	58,644

그리고 2020년이 되면 기대수명이 1.9세가 더 늘어 81.5세가 될 것으로 예상되어 2020년부터 노후생활을 시작하는 사람은 2010년에 노후생활을 시작한 사람보다 1.9년 치의 노후생활비를 더 준비해야 하고, 총 필요 노후자금은 4억 8,870만 원에 달할 것으로 예상되었습니다. 기대수명이 늘어나는 만큼 필요한 노후자금도 그만큼 더 늘어나는 것이 당연한 일이죠.

그런데 문제는 기대수명의 증가 속도가 2010년에 예상한 것보다 훨씬 빠르다는 것입니다. 2010년 당시, 2020년 예상 기대수명은 81.6세였는데, 실제로는 2020년이 오기 훨씬 전인 2014년에 이미 기대수명이 82.4세에 이르렀고, 2020년의 기대수명은 83.5세가 되었습니다. 다시 말하면, 기대수명의 증가 속도가 그만큼 빠르다는 것이고, 필요한 노후생활비의 규모도 과거보다 훨씬 빠르게 늘어나고 있다는 것입니다. 거기다 물가 상승률까지 감안하면 노후생활비는 더욱 커집니다. 소득은 없을 것이 뻔한데, 노후생활비 부담만 가중되고 있는 셈이죠.

특히 여자들은 문제가 더 심각합니다. 2021년 여자들의 기대수명은 86.6세로 남자들보다 6년이나 더 길기 때문입니다. 1년 생활비로 2,000만 원만 쓴다고 해도 6년이면 1억 2천만 원이나 됩니다. 여기에 부부의 나이 차이를 평균 4살 정도로 잡으면 여자들은 남편 사후 10년을 더 산다는 말이 되니, 여자들은 남편들보다 2억 원은 더 필요하다는 말이 되는 것 아닌가요?

노후 적정 생활비

2019년 국민연금공단 국민연금연구원에서 전국 50세 이상 가구원이 있는 4,531가구를 대상으로 실시한 '국민노후보장패널' 조사 결과에 따르면, 중고령자가 노후에 필요로 하는 최소생활비는 개인 기준 117만 원, 부부 기준 195만 원이었고, 적정 생활비는 개인 기준 165만 원, 부부 기준 268만 원으로 집계됐습니다. 여기서 최소 노후생활비는 최저의 생활을 유지하는 데 필요한 비용, 적정 노후생활비는 표준적인 생활을 하는 데 흡족한 비용을 말합니다.

부부 기준 적정 생활비 268만 원을 기준으로, 60세에 은퇴한 부부가 남편의 기대수명인 80세 정도까지 20년 동안 살아가는 데 필요한 돈만 해도 6억 4,320만 원이나 됩니다. 남편 사후 부인의 기대수명까지 6년을 더 고려하면 1억 1,880만 원이 더 늘어납니다. 그런데 노후 필요 생활비는 2년 전인 2017년 조사 때보다 개인 기준 5%, 부부 기준 8% 이상 증가했습니다. 앞으로 이 금액은 더 늘어날 것으로 보입니다.

◉ 2개의 적군이 달려온다

누구나 행복한 노후를 기대합니다. 젊어서도 마찬가지지만, 노후 행복의 조건 중 첫 번째는 경제적 안정이며, 그것은 일상생활에 부족함이 없는 상태를 말합니다. 그런데 행복한 노후에 대한 기대감을 무너뜨리는 2개의 적군이 달려오고 있습니다. 하나는 기대수명 연장에 따라 저절로 증가하는 노후생활비, 또 하나는 사람들의 기대수준이 달라짐에 따라 더 높아지는 노후생활비입니다. 어떻게, 적군을 맞을 준비들 잘 하고 계신가요?

02
생활비도 부족한데 의료비까지?

요즘은 환갑잔치를 하는 사람이 없고, 칠순 잔치를 여는 사람도 찾아보기 어렵습니다. 시골 동네 이장은 60세가 넘는 분들이 하는 경우가 많습니다. 60대라 하지만 그 동네에서 가장 젊기 때문이죠. 회사에서 퇴물로 취급되는 50대는 퇴직을 해도 경로당 근처에 가지도 못하고, 60대, 70대도 경로당에 가면 잔심부름을 하는 신병 취급을 받는 경우도 많습니다. 기대수명이 늘어나 100세 시대가 열리다 보니 나타난 현상들입니다.

늘어나는 노인 인구

2019년 우리나라 65세 이상 노인 인구가 처음으로 800만 명을 넘었습니다. 행정안전부의 주민등록통계에 따르면 2019년 12월 기준 65세 이상 인구는 802만 6,915명이었습니다. 국민 6~7명 중 1명은 노인입니다. 2009년 대비 10년 만에 300만 명 가까이 늘어난 노인 인구는 2025년이면 1,000만 명에 이를 전망입니다. 노인 인구의 급격한 증가는 국민건강보험 재정수지에 악영향을 줍니다. 만성질환처럼 진료비 증가의 주된 원인이 되는 주요 질병들이 주로 노인층에서 발생하기 때문입니다.

※ 65세 이상 노인 인구 추이(출처: 행정안전부)

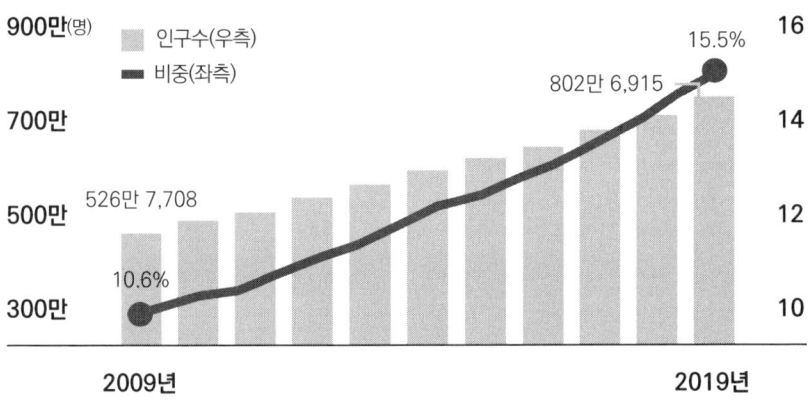

기대수명 VS 건강수명

2020년 출생아의 기대수명은 83.5세로 경제협력개발기구(OECD) 회원국 평균 기대수명보다 3년 가까이 길어 세계 최상위권입니다. 그런데 건강수명은 66.3세입니다. 건강수명은 기대수명에서 질병이나 부상으로 몸이 아픈 기간을 제외한 기간을 말합니다. 다시 말해 66세 정도까지는 비교적 건강하게 살 수 있지만, 이후 17년 정도는 병치레를 하며 살다가 돌아가시게 된다는 말이죠. '골골 팔십(八十)'이라는 말이 있는데, 요즘 들어 그 말이 맞다는 것이 증명되고 있습니다.

※ 기대수명 및 건강수명 추이(출처: e-나라지표)

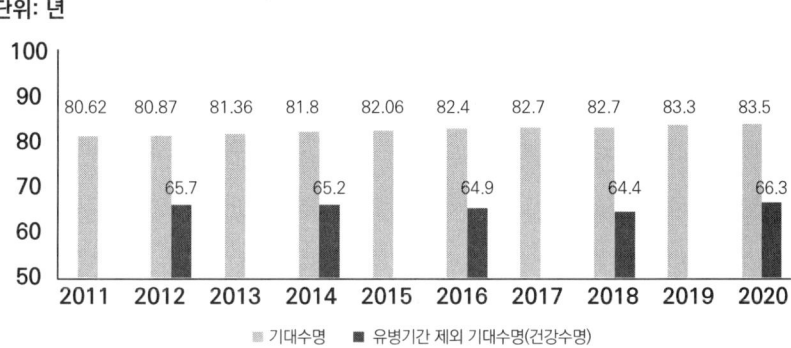

'기대수명'은 늘고 있지만 '건강수명'은 늘어나지 않고 있습니다. 기대수명이 2012년 80.8세에서 2020년 83.5세로 2.7세가 느는 동안 건강수명은 2012년 65.7세에서 점점 줄어들다가 2020년 66.3세를 기록하며 0.6세 늘어나는 데 그쳤습니다. 기대수명 대비 건강하게 생활하는 기간의 비율도 2012년 81.3%에서 2020년 79.4%로 떨어졌습니다. 단순 계산하면, 2020년에 태어난 아이들은 기대수명의 20.6%인 17.2년을 질병에 시달리게 된다는 말이 됩니다. 장수라는 소망은 이루었지만, 늘어난 기간에 비해 병치레 기간이 더 늘어난 셈입니다.

ⓒ 폭증하는 노인 의료비

한국보건사회연구원의 '2017년 노인실태조사'에 따르면, 만 65세 이상 노인은 평균 2.7개의 만성질환을 보유하고 있고, 51%가 3개 이상의 만성질환을 갖고 있는 것으로 나타났습니다. 이는 2008년 30.7%에 비해 10년 만에 20.3% 포인트가 늘어난 것입니다. 2개의 만성질환을 가진 노인 비율은 22.0%였습니다. 만성질환이 전혀 없는 비율은 10.5%에 그쳤습니다. 결국 노인의 73%는 2개 이상의 중복 만성질환을 가지고 있고, 거의 노인의 90%가 최소 1개 이상의 만성질환을 갖고 있는 셈입니다.

※ 노인실태조사(출처: 한국보건사회연구원, 2017)

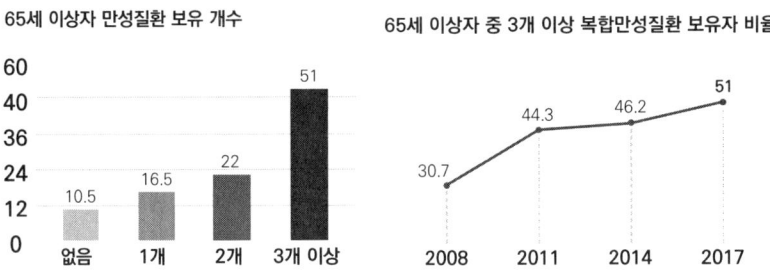

국민건강보험공단의 '2021 건강보험주요통계'에 따르면, 65세 이상 노인들의 1인당 월평균 진료비는 415,887원으로 건강보험 가입자 전체의 1인당 월평균 건강보험진료비 151,613원에 비해 약 2.7배나 많았습니다. 2021년 건강보험 총진료비가 93조 5,011억인데, 65세 이상 진료비가 40조 6,129억으로 약 43.4%를 차지했습니다. 2021년 전체 인구의 16.5% 정도인 노인들이 전체 건강보험 진료비의 40% 이상을 사용했다는 말입니다. 진료비는 연령대가 높아질수록 서서히 높아지다가 50대부터는 급격하게 증가합니다. 젊어서도 의료비가 필요하지만, 나이가 들수록 그만큼 많은 의료비가 필요하다는 것입니다.

※ 건강보험 진료비 주요 통계(출처: 국민건강보험공단)

구분		2015년	2017년	2019년	2021년
진료비 (억 원)	전체	579,546	693,352	864,775	935,011
	65세 이상 비중(%)	218,023 (37.6)	276,533 (39.9)	358,247 (41.4)	406,129 (43.4)
1인당 월평균 진료비(원)	전체	95,759	113,613	140,663	151,613
	65세 이상 비중(%)	295,759	346,161	409,536	415,887

생명보험사회공헌위원회가 건강보험심사평가원 의료비 통계지표와 통계청 생명표를 토대로 분석한 결과에 따르면 우리나라 국민이 만 65세 이후 필요한 총 의료비는 1인당 평균 8,100만 원(남성 7,030만 원, 여성 9,094만 원)입니다. 여성이 남성보다 평균적으로 오래 산다는 점을 감안했을 때, 여성이 남성보다 2,000만 원가량 더 필요하다는 것이죠. 그런데 2016년 20~60대 경제활동 종사자 1,552명을 대상으로 실시한 온라인 설문조사에서 응답자들이 예상한 노후의료비 평균비용은 2,538만 원이었습니다. 8,100만 원 VS 2,538만 원, 현실에 비추어 괴리가 너무 크다는 것을 알 수 있습니다.

◉ 의료파산 남의 일이 아니다

나이가 들면 병을 달고 살게 됩니다. 아니, 병과 함께 산다고 보아도 무방할 것입니다. 노후생활비는 충분히 준비하지 못한 상태에서 은퇴하더라도 건강하기만 하면 계속 일하면서 부족한 부분을 보충할 수 있습니다. 노후의료비는 어떨까요? 치명적인 질병에 걸려 목돈이 들어간다면 의료비와 생활비 부족의 이중고에 시달리게 됩니다. 일본에서는 공적연금으로 생활비만 겨우 준비한 노인들이 노후에 중병상태에 빠지면서 '의료파산'을 맞아 빈곤층으로 전락하는 경우가 많아 사회적인 문제가 되고 있습니다. 남의 일이 아닙니다.

03
필요자금이 집중되는 퇴직 시점

    30세 남자와 28세 여자가 결혼을 하고 1년 후 첫째 아이를 낳는 경우, 아이가 대학에 입학할 시점이 되면, 남자는 50세, 여자는 48세가 됩니다. 2살 터울로 둘째를 낳아, 둘째가 대학에 들어갈 시점이 되면 남자는 52세, 여자는 50세가 됩니다. 둘째가 대학을 졸업하는 시점에는 남자가 56세, 여자는 54세입니다. 이때쯤이면 남자든, 여자든 직장에서 이미 퇴직을 했거나 곧 퇴직을 앞두게 됩니다.

※ 가족의 라이프사이클

구분	1년	2년	3년	4년	5년	6년	7년	8년	9년	10년	11년	12년	13년	14년	15년	16년	17년	18년	19년	20년	21년	22년	23년	24년	25년	26년
남자 30세	31	32	33	34	35	36	37	38	39	40	41	42	43	44	45	46	47	48	49	50	51	52	53	54	55	56
여자 28세	29	30	31	32	33	34	35	36	37	38	39	40	41	42	43	44	45	46	47	48	49	50	51	52	53	54
첫째	–	1	2	3	4	5	6	7	8	9	10	11	12	13	14	15	16	17	18	19	20	21	22	23	24	25	26
둘째	–	–	–	1	2	3	4	5	6	7	8	9	10	11	12	13	14	15	16	17	18	19	20	21	22	23	24

사라진 평생직장

우리나라에는 법정정년제도가 시행되고 있습니다. 정년제는 근로자가 일정 연령에 도달하면 근로자의 의사나 능력을 묻지 않고 근로계약을 종료시키는 것을 말합니다. 2017년 1월 1일 이후 모든 사업장에 60세 이상의 정년제가 시행되고 있습니다. 60세 이상의 정년제는 가능하지만, 60세 이전 정년제를 시행하면 법에 위반되는 행위일 수 있다는 것입니다. 하지만, 근로계약, 취업규칙, 단체협약 등에서 정년을 설정하는 경우에는 예외로 연령 차별을 인정하고 있습니다. 60세 전에도 퇴직을 시킬 수 있다는 것이죠.

IMF 사태 이후, 회사 측은 경영상의 리스크 제거를 명목으로 조직적인 강제와 위협을 통해 직원들을 나가게 만듭니다. 명예퇴직이니 희망퇴직이니 하지만 사실상 권고사직에 가깝고 이에 불응하면 배치전환 등을 통해 퇴직을 압박합니다. 또 일정 연령 이후에는 급여가 줄어드는 '임금피크제'를 시행하고 있습니다. 퇴직을 안 하고 정년까지 남아 있어도 괴롭게 만듭니다. 우리나라에서 평생직장 개념은 사라진 지 오래된 셈입니다.

※ 임금피크제 유형

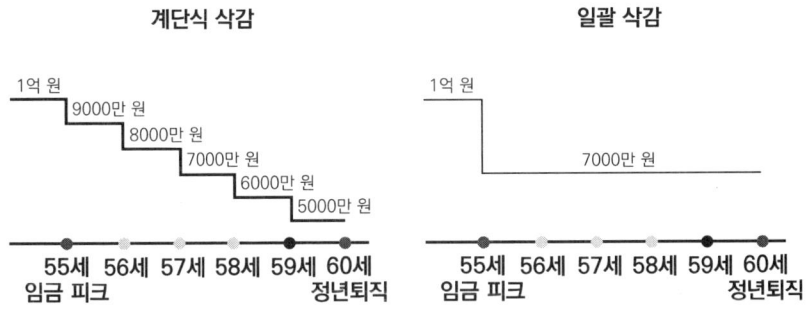

그런데 남자가 법정정년을 채워 60세에 퇴직하면 첫째 아이는 30세, 결혼할 시점이 됩니다. 2년 후면 둘째도 결혼할 시점이 됩니다. 돈이 많이 필요하게 됩니다. 설령 자녀가 대학 졸업 후 곧바로 취직해서 돈을 번다고 해도 기간이 짧아 돈을 모을 수 없고, 부모에게 손을 벌리지 않을 수 없습니다. 퇴직금을 많이 받는다 해도, 자녀 두 명을 결혼시키고, 독립시키기에는 역부족입니다. 결혼비용이 너무 크기 때문입니다.

자녀 양육비와 결혼비용

자녀를 한 명을 낳아 대학을 졸업시키기까지 필요한 양육비는 4억 원 정도나 된다고 합니다. 몇 년 전 NH투자증권 100세 시대 연구소가 추산한 자녀 양육비는 3억 9,670만 원이었습니다. 2006년 2억 3천여만 원에서 2009년 2억 6천여만 원으로 늘었고, 2012년에는 3억 원을 넘어섰으며, 2017년에는 4억 원에 육박했다는 말인데, 자녀가 두 명이라면 양육비는 8억 원 가까이 됩니다. 이렇게 많은 돈을 쓰고도 아직 결혼 비용이 남았습니다.

※ 자녀 양육비(출처: NH투자증권)

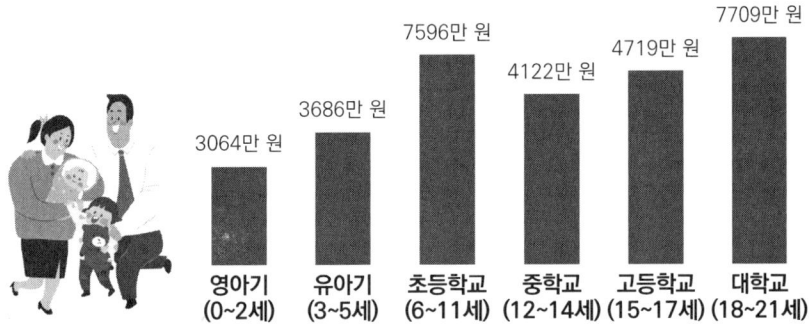

보통 사람들이 결혼하는 데는 돈이 얼마나 들까요? 웨딩컨설팅 업체 듀오웨드에서 최근 2년 이내 결혼한 1,000명을 대상으로 조사한 '2021년 결혼비용 실태보고서'에 따르면, 신혼부부 한 쌍이 결혼 자금으로 지출하는 금액은 평균 2억 3,618만 원이었고, 그중에 주택자금이 1억 9,271만 원으로 81.6%를 차지했습니다. 최근 서울시 아파트 평균 가격이 10억 원을 웃도는 정도이니, 주택자금이 많이 드는 것은 당연한 일입니다. 거기다 주택자금을 빼고도 예식장 사용료, 웨딩패키지, 예물 등으로 4,347만 원이나 더 필요하다는 것을 알 수 있습니다.

※ 결혼비용 실태보고서(출처: 듀오웨드)

결혼비용 증가 추세를 보면 3억이 넘어갈 날이 머지않았습니다. 양쪽 집에서 반씩 부담해도 1억 5,000만, 자녀가 둘이면 3억은 필요하다는 계산이 나옵니다. 자녀들도 준비를 하겠지만, 이미 은퇴를 했거나 은퇴 시점이 다가오는 부모 입장에서 3억은 적은 돈이 아닙니다. 자녀 결혼비용이 부족해 집을 처분하거나 대출이라도 받게 되면, 그 결혼식은 '부모의 눈물로 울리는 웨딩마치'가 되기 쉽습니다.

이렇다 보니 우리나라 중·장년 퇴직자의 걱정 중 가장 많은 부분을 차지하는 것이 자녀 교육비와 결혼 자금입니다. 보험개발원의 '2018 KIDI 은퇴 시장 리포트'에 따르면, 40~50대 10명 중 6명은 은퇴 후에도 자녀부양에 대한 걱정이 큰 것으로 나타났습니다. 은퇴 후에 예상되는 자녀 교육비는 7,258만 원, 자녀 결혼비용은 1억 3,952만 원이었습니다. 이것은 자녀 1명당 비용으로 자녀가 두 명이라면 그 부담은 두 배 이상 늘어납니다.

※ 은퇴 후 예상되는 자녀 양육비와 결혼비용(출처: 보험개발원)

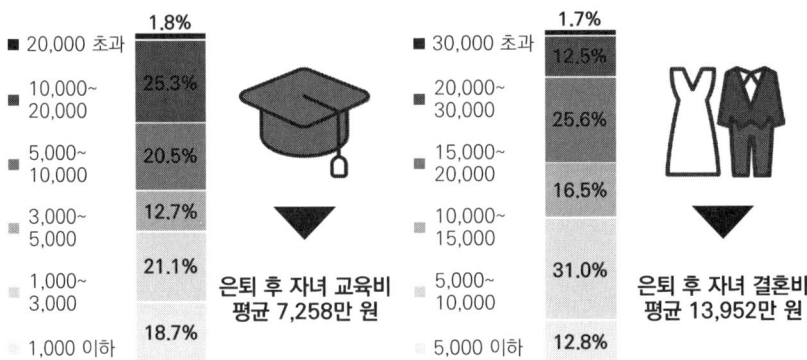

퇴직하는 시점까지 자녀가 독립을 하지 못하면 문제가 커집니다. 우리나라에서는 대학 졸업 후, 취업을 못해 경제적으로 독립하지 못하고 부모에게 기대어 사는 20~30대를 캥거루족, 30~40대는 신(新)캥거루족이라고 합니다. 미국에서는 트윅스터(Twixter)라고 하는데, 이도 저도 아닌 사이에 낀 세대라는 뜻입니다. 그리고 캐나다에서는 부메랑 키즈(boomerang kids), 영국에서는 키퍼스(kippers)라고 부릅니다. 이런 말들은 젊은 자녀가 부모를 부양하는 것이 아니라, 나이든 부모가 자녀가 역(逆)부양하는 사태를 말합니다.

퇴직 전 걸림돌

퇴직과 관련된 문제 중 하나는 자녀의 결혼 시점이 부모의 퇴직 시점과 겹친다는 것입니다. 노후 리스크 중 가장 큰 부분 중 하나가 자녀와 관련된 문제입니다. 지금 중·장년층은 '부모를 부양하는 마지막 세대, 자녀에게 부양받지 못하는 마지막 세대'가 될 가능성이 큽니다. 어쩌면 '부모를 부양하면서, 동시에 이미 성장한 자녀도 부양하는' 더블케어(Double Care) 세대가 될 수도 있습니다. 이런 상황에서 자신의 노후를 준비하기는 사실상 불가능에 가깝습니다. 노후에 대한 불안이 가중되고 있습니다.

04
금리 하락에 따라
더욱 증가하는 노후 부담

경제를 움직이는 주요 동력 중 하나는 금리입니다. 금리는 돈의 가치입니다. 돈의 가치는 돈에 대한 수요와 공급에 따라 달라집니다. 경제가 활발하게 돌아가고, 투자를 하고자 하는 사람들이 많아지면 돈의 가격이 올라가고, 경제가 침체되어 투자하려는 사람이 줄어들면 돈의 가치는 하락합니다. 이러한 변화는 노후생활에도 영향을 미칩니다.

저금리 시대의 종말?

코로나19 사태가 발발한 이후 세계 각국의 중앙은행들은 경기침체를 막고 경제를 살리기 위해 규모 양적 완화에 나서 경쟁적으로 돈을 풀고 저금리 기조를 유지해 왔습니다. 미국은 코로나19 확산으로 경기가 위축되자 2020년 3월 역사상 최대 규모의 경기부양법(CARES Act)을 제정한 후 약 2조 8,000억 달러에 달하는 천문학적인 돈을 시장에 투하했고 2년여 동안 '제로 금리'를 유지했습니다. 우리나라도 2020년 66조

8,000억 원, 2021년 49조 8,000억 원 그리고 2022년에도 2회에 걸쳐 약 80조 원에 달하는 추경예산을 집행했고 2020년 5월 이후 1년이 넘도록 기준금리를 역대 최저 수준인 0.5%로 유지했습니다.

세계 각국이 양적 완화에 나서 나선 것은 소득 감소와 소비 위축의 연결고리를 끊기 위해서였습니다. 우리나라도 큰 타격을 입은 조선, 항공, 여행, 공연 업체 등에게 고용유지를 전제로 임금을 지원하거나, 재난지원금을 통해 소상공인들이나 가계소득의 일부를 채워 주는 등 코로나19로 어려움을 겪는 가계와 기업의 피해를 줄이기 위해 노력했습니다. 그런데 이렇게 풀려난 돈 중 일부는 고용이나 시설 투자 등 생산적인 부문이 아니라 부동산, 주식 등 변동성이 큰 자산 시장으로 흘러 들어가 비정상적으로 가격을 밀어 올렸습니다. 2021년에 주식, 부동산, 암호 화폐 가격이 모두 폭등한 것도 사실상 이 때문이라고 볼 수도 있습니다.

코로라 사태 이후 시중에 풀린 막대한 통화량과 2022년 들어 발생한 러시아의 우크라이나 침공은 국제 원자재 가격의 급등을 불러왔고 급격한 물가 상승으로 이어졌습니다. 2021년 1월 1.4% 수준이었던 미국의 소비자물가지수 상승률은 2022년 6월 9.1%까지 치솟았고, 2020년 0.5%에 불과했던 우리나라 소비자물가지수 상승률은 2022년 7월 6.3%까지 높아졌습니다. 그러자 세계 각국은 물가를 잡기 위해 기준금리를 올려 시장에 풀린 유동성을 회수하기 시작했습니다. 미국이 기준금리를 올리자 세계 각국도 기준금리 인상에 나섰고 이전까지 폭등했던 자산가격의 거품이 빠지고 있습니다. 주식, 부동산 가격이 급락하자 이러다가 우리도 일본처럼 장기 불황에 빠지는 것은 아닌지 의문을 품는 사람들도 늘어나고 있습니다.

일본의 잃어버린 30년

일본의 잃어버린 30년은 자산 거품이 꺼지면서 시작되었습니다. 일본은 1985년 '플라자 합의' 이후 경기침체를 방지하고, 내수를 진작시키기 위해 5%였던 기준금리를 1987년 2.5%까지 낮추었습니다. 그 결과 경기는 살아났지만 시중에 풀린 막대한 자금이 주식 및 부동산 시장으로 몰려가 엄청난 거품을 일으켰습니다. 오죽했으면 '도쿄를 팔면 미국 본토를 살 수 있다'는 말이 나올 정도가 되었습니다.

자산 거품이 심각해지자 일본 정부는 1990년 8월에는 기준금리를 6%까지 점진적으로 올렸고, 부동산 대출 규제에 나섰습니다. 그러자 거품이 붕괴되면서 자산가치가 폭락했고, 대규모 부실 대출을 떠안은 금융기관은 민간대출을 줄이기 시작했습니다. 그러자 실물경제가 침체되고 소비자 물가하락과 소비 위축, 기업 투자 위축의 악순환이 이어지면서 1991년 이후 30년이 넘는 동안 유례없는 장기침체가 이어지고 있습니다.

※ 일본 닛케이지수와 지가(출처: 블룸버그, 일본부동산연구소)

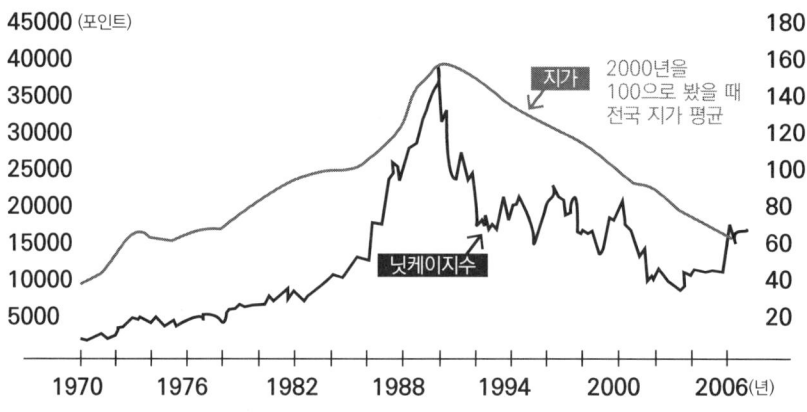

이런 상황에서 일본은 1990년대 초, 고령화 사회에 접어들었습니다. 그리고 20년 뒤 '노후파산'이라는 말이 유행하기 시작했습니다. NHK에서는 비참한 노인들의 모습을 취재하여 다큐멘터리 형식으로 방영하여 큰 충격을 주었습니다. 나중에는 그 내용을 다시 엮어 『노후파산』이라는 제목의 책을 출간했습니다. NHK에 따르면 일본에서는 독거노인 600만 명 중 200만 명이 노후파산으로 인해 비참한 삶을 살고 있다고 합니다.

노후파산의 원인

노후파산의 원인은 여러 가지가 있을 수 있지만, 그중의 하나가 '금리 하락'입니다. 누구나 노후가 되면 젊어서 모은 돈을 가지고 이자를 받으며 살 수 있기를 희망합니다. 그런데, 금리가 떨어질수록 이자도 줄어들어, 나중에는 원금에까지 손을 댈 수밖에 없는 상황이 생깁니다. 원금이 줄어들수록 이자는 더욱 줄어들고, 결국에는 종자 같은 원금까지 다 까먹게 되어 노후파산에 이르게 되는 것이죠.

예를 들어 노후자금 3억 원을 준비해 은행에 예치해 둔다면, 과거처럼 금리가 10% 시대에는 1년 이자만 해도 3,000만 원, 한 달이면 250만 원이 되기 때문에, 그런대로 노후생활을 하다가, 돌아가실 때 원금은 자식들에게 물려줄 수 있었습니다. 그런데 금리가 0.5%까지 떨어진 시대가 되면 3억에 대한 1년 이자는 150만 원에 불과하고, 이자 소득세를 빼면 약 127만 원, 한 달에 10여 만 원밖에 되지 않습니다. 원금까지 까먹을 수밖에 없는 상황이 됩니다.

2021년 4월 국민연금공단의 조사 결과에 따르면, 적정 노후생활비는 부부 기준 약 268만 원이었습니다. 과거처럼 높은 이자를 기대할 수 없는 시대에, 노후자금으로 준비한 3억 원을 가지고, 한 달에 200만 원씩 쓴다면 150개월, 12년 반을 버틸 수 있고, 300만 원씩 쓴다면 100개월, 8.3년 만에 끝이 납니다. 이는 노후에 다른 수입이 없다고 생각했을 때의 이야기입니다. 그런데 노후자금으로 그것도 현금으로 3억씩 준비한 사람이 얼마나 될 것이며 설령 그 돈을 준비했다 하더라도 돈이 다 떨어진 이후에는 어떻게 해야 할까요?

금리 하락에 따라 늘어나는 노후부담

금리가 낮아질수록 돈을 모으기는 더 어렵습니다. 금리 5% 시대에는 매월 약 88만 정도를 240개월 동안 모으면 3억을 모을 수 있습니다. 그런데 금리 3% 시대에는, 매월 같은 금액을 240개월 동안 모을 경우 약 2억 6천만 원 정도밖에 되지 않습니다. 3억을 만들기 위해서는 저축 기간이 267개월로 늘어나야 합니다. 다시 금리 1% 시대가 되면 매월 같은 금액을 240개월 동안 모아도 약 2억 3,000만 원 정도밖에 되지 않습니다. 3억을 모으기 위해서는 저축 기간이 309개월로 늘어나야 합니다. 이는 금리가 떨어질수록 더 오래 저축을 해야 하고, 노후준비가 덜 된 사람은 더 오래 일해야 한다는 말과 같습니다.

※ 노후자금 3억 모으기

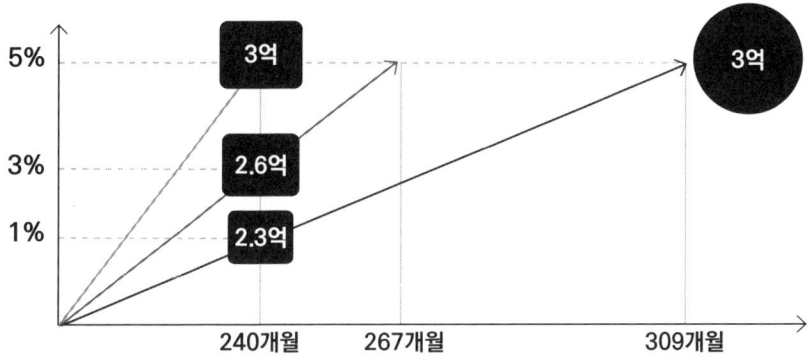

노후에 매년 2,000만 원의 생활비가 필요하다고 가정해 볼까요? 다른 소득이 없어 그동안 모은 돈을 예치해 두고 이자를 받아 생활한다고 생각해 봅시다. 금리가 5% 시대에는 4억 원을 예치해 두면 1년에 2,000만 원의 이자 수입이 생깁니다. 4억의 5%는 2,000만 원이니까요. 그런데 금리가 3%로 떨어지면, 6억 7천만 원을 예치해야 합니다. 6억 7천만 원의 3%는 2,000만 원이니까요. 금리가 더 떨어져 1% 시대가 되면 이제 20억을 예치해야 합니다.

※ 금리 하락으로 늘어나는 노후자금(단위: 만)

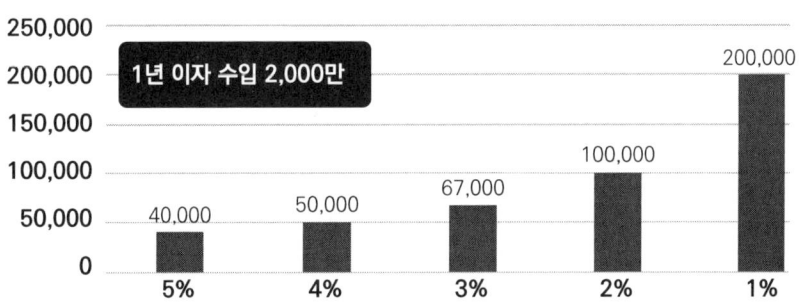

오래 사는 만큼 더 많은 돈이 필요합니다

노후자금 마련을 위한 저축의 가장 큰 적은 저금리입니다. 금리가 낮아질수록 노후자금 준비를 위해 저축해야 할 기간은 늘어나고, 노후생활에 필요한 이자 수입을 위해 예치해야 할 금액도 늘어납니다. 까닥 잘못하면 소득도, 일자리도, 재산도 없는 일본의 '닌자(No Income, No Job and Asset) 노인'처럼 되기 쉽습니다. 그런데 러시아-우크라이나 전쟁이 시작된 이후 치솟는 물가를 잡기 위해 최근 세계 각국이 경쟁적으로 기준금리를 올리고 있습니다. 금리는 어느 정도까지 오를까요?

너무 높은 금리는 투자와 소비를 위축시켜 경제를 다시 침체에 빠뜨릴 수 있습니다. 금리가 높아지면 기업들은 대출을 받아 사업을 한들 대출금리 이상의 수익을 내기 어렵다고 판단하여 투자를 줄이고, 소비자들은 할부로 지름신을 부르기 어려워 소비를 줄입니다. 이렇게 기업과 소비자가 모두 씀씀이를 줄이면 당연히 경제가 잘 돌아가지 않게 됩니다. 따라서 어느 정도 물가가 잡히면 다시 금리는 내려갈 것이고, 저축을 통해 노후 필요자금을 모으는 것은 다시 힘들어질 것입니다. 향후 다시 금리가 낮아질 것을 고려하여 일찍부터 시간과 돈을 아껴, 노후로 보내는 노력을 게을리하지 말아야겠습니다.

05
여성은 男다른 노후준비가 필요

여성은 남성보다 오래 살아

2020년 현재 우리나라 전체 인구는 5,178만 1천 명이고, 그중에 여성은 전년보다 0.2% 증가한 2,583만 5천 명으로 전체 인구의 49.9%를 차지합니다. 현재는 남성이 약 11만 1천 명 더 많아, 여성 100명당 남성 수는 100.4명입니다. 그런데 이는 2010년 100.8명에 비해 0.4명이 감소했고, 앞으로 지속적으로 감소하여 2030년에는 99.8명, 2060년에는 97.9명이 될 것으로 전망되고 있습니다. 앞으로 점점 더 남성보다 여성이 더 많아진다는 것입니다. 정말로 여성의 시대가 열리고 있는 것일까요?

※ 우리나라 인구 비중과 성비 추이(출처: 통계청)

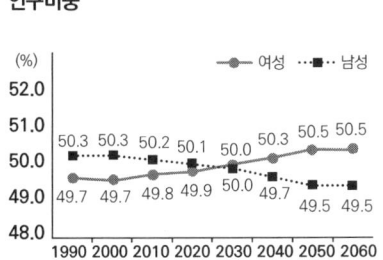

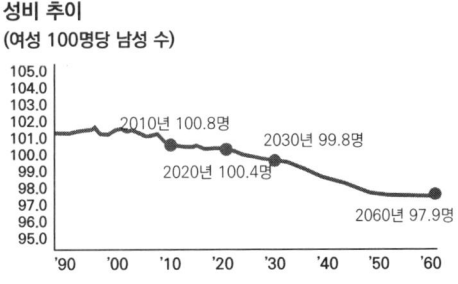

연령대별 인구를 보면, 남녀 모두 50대가 가장 많고, 다음으로 40대, 30대 순으로 많습니다. 연령대별, 성별 인구를 보면 50대까지는 남성이 더 많지만, 60대 이상부터는 여성이 더 많습니다. 남녀 인구 격차는 나이가 많아질수록 커집니다. 60대는 여성이 남성보다 약 16만 명이 많고, 70대는 약 32만 명, 80대 이상은 약 63만 명이나 더 많습니다. 이것만 보더라도 확실히 여성이 더 오래 산다는 것을 알 수 있습니다.

※ 연령대별 성별 인구와 차이(출처: 통계청)

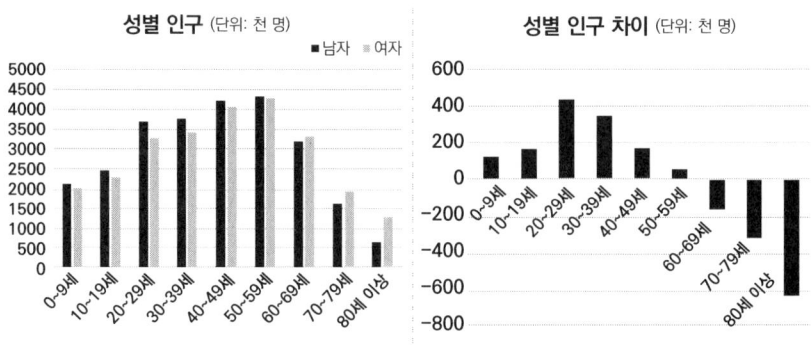

늘어나는 여성 1인 가구

여성 인구만 놓고 보면 비교해 볼까요? 2020년 여성 인구는 2010년과 비교하여 40대까지는 감소하였고, 50대 이상부터는 증가했습니다. 여성 인구를 100으로 놓았을 때 40세 미만 여성 인구는 2010년에는 51.8%를 차지했지만, 2020년에는 42.4%로 9.4%p나 하락했습니다. 저출산 고령화로 인해 여아의 출산은 줄어든 대신, 나이든 여성들이 많아졌다는 것입니다. 이렇다 보니 늙어서 혼자 사는 여성들도 많아졌습니다.

2019년 기준 우리나라 가구 수는 2,034만 3천 가구에 달합니다. 그 중 1인 가구는 614만 8천 가구로 30.2%를 차지하며, 지속적인 증가 추세를 보이고 있습니다. 여성 1인 가구는 309만 4천 가구로, 우리나라 전체 1인 가구의 50.3%를 차지합니다. 혼자 사는 남성들보다 여성들이 더 많다는 것입니다. 그리고 1인 여성 가구는 2010년 221만 8천 가구 대비 87만 6천 가구(39.5%)나 증가했습니다.

※ 성별, 연령대별 1인 가구 비중(출처: 통계청)

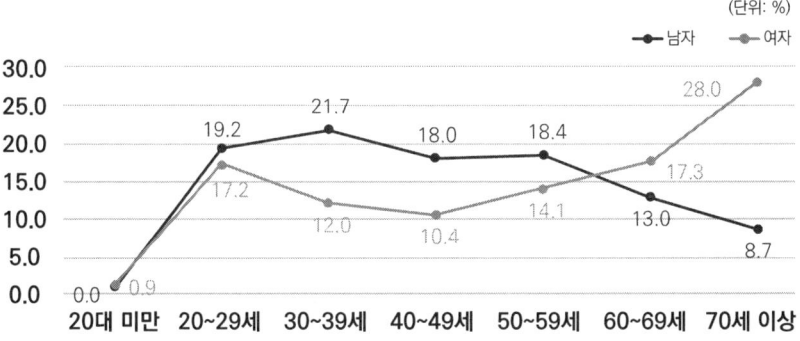

성별 1인 가구를 각각 100%로 놓고, 연령대별 비중을 보면, 남성의 경우 연령대가 높아질수록 비중이 줄어드는 반면, 여성은 더 높아진다는 것을 알 수 있습니다.. 여성 1인 가구를 연령대별로 살펴보면, 70세 이상(28.0%)이 가장 큰 비중을 차지하고, 다음으로 60대(17.3%), 20대(17.2%) 순으로 비중이 높습니다. 남성은 60대 이상 비중이 21.7%지만, 여성은 45.3%(60대 17.3%+70대 이상 28%)에 달합니다. 혼자 사는 여성 100명 중 거의 절반은 60대 이상이라는 말입니다.

여성과 건강

2020년 기준으로 기대수명은 남성이 80.5세, 여성은 86.5세인데 비해 건강수명은 남성이 65.6세, 여성은 67.2세였습니다. 2012년 대비 기대수명은 남자는 2.9세, 여자는 2.3세가 늘었지만, 건강수명은 남자는 0.6세, 여자는 0.7세가 늘어나는 데 그쳤습니다. 기대수명에서 건강수명을 뺀 유병 기간은 남성이 14.9년, 여성은 19.3년으로, 2012년 대비 남성은 2.3년, 여성은 1.6년이 늘었습니다. 기대수명은 증가했지만, 그 증가한 수명의 상당 부분이 질병에 시달리는 기간이라는 것입니다.

※ 기대수명 VS 건강수명(출처: 통계청)

구분	2012년		2020년			
	남	여	남	증감	여	증감
기대수명	77.6	84.2	80.5	2.9	86.5	2.3
건강수명	65.0	66.5	65.6	0.6	67.2	0.7
유병기간	12.6	17.7	14.9	2.3	19.3	1.6

보건복지부, 「국민건강영양조사」에 따르면, 2020년 여성의 흡연율은 6.6%, 고위험 음주율은 8.8%로, 10년 전보다 증가했습니다. 고위험 음주율은 한 번에 5잔 이상, 주 2회 이상 음주를 하는 경우를 말합니다. 여성들은 남성들보다 평소 본인의 건강 상태에 대해 좋다고 생각하는 사람들의 비율이 낮습니다. 일상생활에서 스트레스를 많이 받는 여성들의 비율은 남성들에 비해 더 높고, 저소득 계층의 여성은 스트레스를 받는 강도가 더 큽니다. 여성의 노후에 건강이 나빠지고 의료비 지출이 늘어날 것이라는 적신호가 커지고 있습니다.

여성은 남성보다 더 많은 노후준비가 필요

앞으로 우리나라 전체 인구 중 여성 인구 비중이 남성 인구 비중보다 커지고, 여성 1인 가구 비중도 늘어날 전망이며, 특히 60대 이상 여성 1인 가구 비중은 압도적으로 높습니다. 여성은 기대수명이 남성보다 길어 그만큼 더 많은 노후생활비가 필요합니다. 여성의 유병 기간은 남성보다 4년 이상 길어 남성보다 더 많은 의료비도 필요합니다. 반면, 여성의 소득은 남성보다 낮고, 특히 1인 가구 여성의 절반 이상은 월 소득이 100만 원도 안 됩니다. 65세 이상 여성 가구의 약 절반은 경제적 빈곤 상태에 있습니다.

※ 1인 가구 소득과 빈곤 상태(출처: 보험연구원)

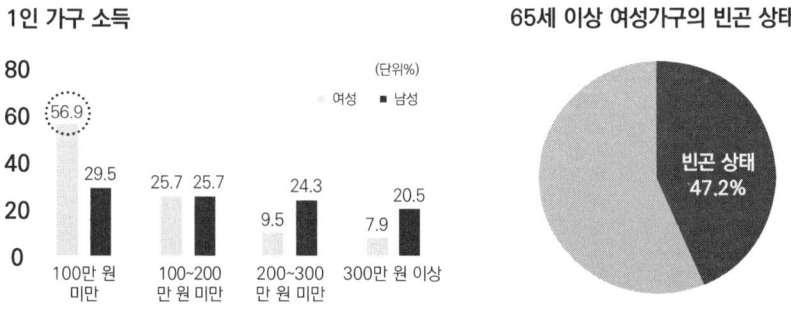

이정옥 작가는 미래에셋 은퇴연구소 홈페이지에 연재한 글에서 은퇴라는 말 뒤에 숨어 있는 무료함과 적막함과 쓸쓸함을 경계하며 "누군가의 아내, 어머니, 딸, 며느리로 살아온 대다수 여성들에게 은퇴란 없다. 죽는 순간까지 아내이고, 어머니며, 며느리요, 딸로서 한순간도 은퇴할

수 없는 것이 여자의 삶이다. 너를 필요로 하는 누군가가 있다는 것은 행복한 일이니 최선을 다해라"라고 합니다. 사전에서 말하는 것처럼 '직임(職任)에서 물러나 사회활동에서 손을 떼고 한가히 지내는 것'이 노후 생활의 전부가 아니라는 것이죠.

　작가의 말대로 은퇴 후에도 더 늙은 어머니와 은퇴한 남편과 직장에 다니는 며느리와 어린 손녀딸을 잘 챙기는 것은 인간으로서 마지막 소명을 다하는 일이라고 할 수 있습니다. 그런데 그러한 일들은 가족과 건강과 돈이 받쳐 줄 때 가능합니다. 1인 가구로 살면서 생활비나 의료비를 걱정하며 노후에도 돈벌이를 해야 한다면 정말로 여성의 삶에 은퇴란 없게 됩니다. 그것은 행복한 여성의 노후에 대한 반역입니다. 여성의 길어진 노후와 유병 기간에 대한 책임은 누가 져야 할까요? 아내로서, 어머니로서, 딸, 며느리로서 열심히 살아온 대가가 노후빈곤과 질병이라면 어떻게 해야 할까요?

CHAPTER 3

그 돈은 당신 스스로 준비해야 합니다

01
全 국민의 필수품 국민연금

　최초의 연금제도는 19세기 말 독일의 철혈재상 비스마르크(1815~1898)의 주도로 시작되었습니다. 1866년 오스트리아 전쟁, 1870년 보불전쟁을 승리로 이끈 비스마르크는, 전쟁이 끝나자 할 일이 없어졌지만, 먹고살 길이 막연해 고향으로 돌아가지 않는 군인들에게 "퇴직하면 연금을 주겠다"라고 약속했습니다. 퇴직 군인들의 생계를 보장함으로써 독일 내부의 분열을 잠재우는 효과적인 수단이 된 연금제도는 그 후, 노동자들의 체제에 대한 불만을 잠재우기 위한 산업재해보험, 의료보험, 연금보험으로 확대되었습니다.

우리나라 국민연금제도

　우리나라의 국민연금제도는 1988년 1월부터 10인 이상 사업장의 '18세 이상 60세 미만' 근로자 및 사업주를 대상으로 시작되었습니다. 그리고 1995년 7월에는 농어촌지역, 1995년 8월부터는 상시근로자 5명 이상 사업장의 외국인 근로자 및 사용자, 1999년 4월부터는 도시지

역으로 확대됨으로써 '전 국민 연금시대'가 열리게 되었습니다. 2003년 7월 1일부터는 5인 미만의 영세사업장, 근로자 1인 이상 법인, 전문 직종 사업장은 물론, 임시직, 일용직과 시간제 근로자의 가입자격을 완화함으로써, 명실상부한 보편적 노후소득보장 제도로 거듭나게 되었습니다.

국민연금은 나이가 들거나 장애 또는 사망으로 인해 소득이 감소할 경우 일정한 급여를 지급하여 소득을 보장하는 사회보험입니다. 이런 국민연금을 통해 받을 수 있는 급여는 크게 2가지로 구분할 수 있습니다. 매월 지급하는 '노령연금', '장애연금', '유족연금'과 한 번에 일시금으로 지급하는 '반환일시금', '사망일시금'이 그것입니다. 그 외에 이혼한 배우자의 노후생활을 보장하기 위해 노령연금을 나눠서 지급하는 '분할연금제도'가 있습니다.

국민연금의 종류

국민연금의 기본은 '노령연금'입니다. 가입 기간이 10년 이상이면, 출생연도별 지급개시 연령부터 평생 매월 노령연금을 받을 수 있는데, 더 빨리 받고 싶으면 조기노령연금을 신청하여 연금개시연령 5년 전부터 받을 수 있습니다. 예를 들어 61세부터 노령연금으로 매월 100만 원이 나오는 경우, 조기노령연금을 5년 앞당겨 56세에 신청하면 100만 원의 70%인 70만 원을 받을 수 있습니다. 57세에 신청하면 76만 원, 58세에 신청하면 82만 원을 받을 수 있습니다. 1년 늦게 신청할 때마다 연금액은 6%씩 늘어나 61세가 되면 100%가 되는 구조인 것이죠.

※ 노령연금 지급개시연령

출생연도	지급개시연령		
	노령연금	조기노령연금	분할연금
1953~56년생	61세	56세	61세
1957~60년생	62세	57세	62세
1961~64년생	63세	58세	63세
1965~68년생	64세	59세	64세
1969년생 이후	65세	60세	65세

두 번째로 '유족연금'은 국민연금에 가입하고 있거나 노령연금 또는 장애연금을 받고 있던 사람이 사망할 경우 유족들에게 기본연금액의 일정률을 지급하는 것입니다. 연금액은 국민연금 가입 기간에 달라지는데, 가입 기간이 10년 미만이면 기본연금액의 40%+부양가족연금액을 지급합니다. 가입 기간이 10년 이상이고 20년 미만인 경우는 기본연금액의 50%와 부양가족연금액을, 20년 이상인 경우는 기본연금액의 60%+부양가족연금액을 지급합니다.

세 번째로 '장애연금'은 국민연금 가입자나 가입자였던 자가 질병이나 부상으로 신체적 또는 정신적 장애가 남았을 때 이에 따른 소득 감소 부분을 보전하는 것입니다. 연금액은 장애등급에 따라 다른데, 4급의 경우 기본연금액의 225%를 일시보상금으로 지급하고 끝입니다. 하지만 3급 이상의 장애를 가진 경우에 3급은 기본연금액의 60%, 2급은 80%, 1급은 100%에 각각 부양가족연금액을 더해 지급합니다.

유족연금이나 장애연금에 붙는 '부양가족연금액'은 노령연금이나 유족연금, 장애연금을 지급할 때 부가적으로 지급하는 가족수당 같은 것인데, 국민연금 가입자 또는 가입자였던 자의 배우자, 자녀, 부모를 대상으로 지급합니다. 2022년 기준으로 배우자는 연 269,603원, 19세 미만 또는 장애등급 2급 이상의 자녀와 60세 이상 또는 장애등급 2급 이상의 부모는 1인당 연 179,710원의 부양가족연금액을 받을 수 있습니다.

네 번째로 '분할연금'은 이혼한 배우자의 노후생활을 보장하기 위한 제도입니다. 혼인 기간 동안 배우자의 정신적·물질적 기여를 인정하고 그 기여분을 분할하여 지급하는 것이죠. 이혼을 한 경우, 배우자였던 사람이 노령연금 수급권자이며, 분할연금 수급권자 본인이 출생연도별 지급개시연령에 도달했을 때 신청할 수 있습니다. 배우자였던 자의 노령연금액 중 혼인 기간에 해당하는 연금액의 1/2을 받을 수 있는데, 최소한 혼인 기간이 5년은 넘어야 받을 수 있습니다. 이는 아무리 결혼 생활이 힘들어도 5년은 버티라(?)는 것 같습니다.

다섯 번째로 '반환일시금'은 국민연금 가입 기간이 10년 미만인 자가 60세가 된 경우(특례노령연금 수급권자 제외), 가입자 또는 가입자였던 자가 사망했지만 유족연금에 해당되지 않는 경우, 국적을 상실하거나 국외로 이주한 경우에 그동안 납부한 보험료에 이자를 더해 일시금으로 지급하고 끝나는 청산적 성격의 급여인 것이죠.

여기서 '특례노령연금'은 국민연금제를 처음으로 실시할 때부터 기본 연수인 10년을 채울 수 없는 사람을 위해 만든 제도입니다. 1988년 1월

1일 국민연금제도 도입 당시 만 45세 이상 60세 미만이었던 가입자와 1999년 4월 1일 도시지역 확대 적용 당시 50세 이상 60세 미만이었던 가입자가, 최소 5년 이상 보험료를 내면 만 60부터 노령연금을 받을 수 있도록 했는데, 1993년 1월 1일부터 노령연금 지급이 시작되었습니다.

여섯 번째로 '사망일시금'은 가입자 또는 가입자였던 사람이 사망했지만, 국민연금법 제73조에 의한 '유족이 없어 유족연금 또는 반환일시금을 지급받을 수 없는 경우'에 더 넓은 범위의 유족에게 지급하는 급여입니다. 배우자, 자녀, 부모, 손자녀, 조부모, 형제자매 또는 사망자에 의하여 생계를 유지하고 있던 4촌 이내의 방계혈족 중 최우선 순위자에게 지급합니다.

누구에게나 필요한 국민연금

국민연금은 모든 국민이 가입 대상으로 강제성이 있고, 소득이 많은 사람은 많이 내고 적게 받고, 소득이 적은 사람은 적게 내고 많이 받는 구조로 되어 있어 '소득재분배' 기능을 수행합니다. 또, 국민연금은 물가가 오르면 연금액도 따라 오르는 구조로 되어 있어, 연금의 실질가치를 유지할 수 있고, 국가가 최종적으로 지급을 보장하기 때문에 나라가 망하지 않는 한 반드시 지급이 됩니다. 이처럼 많은 장점을 가진 국민연금은 우리나라 최고의 연금제도임에 틀림이 없습니다.

02
국민연금만으로
노후준비 충분할까요?

국민연금의 보험료와 연금액은 연금개시 직전 3년간 전체 국민연금가입자의 평균소득(A값)과 가입 기간 중 가입자의 평균소득(B값)에 따라 결정됩니다. A값 및 B값의 하한과 상한액은 매년 3월 말까지 보건복지부 장관이 고시하며, 해당연도 7월부터 1년간 적용됩니다. 신고한 소득월액이 하한액보다 적으면 하한액이 B값이 되고, 상한액보다 많으면 상한액이 B값이 됩니다.

B값은 가입자가 신고한 소득월액에서 천 원 미만을 절사한 금액인데 B값의 하한과 상한액은 A값의 변동률을 반영하여 매년 바뀝니다. 국민연금을 처음 시작한 1988년 11월부터 1995년 3월까지 적용된 B값은 최저 7만 원에서 최대 200만 원이었습니다. 그 후 점점 더 올라 2021년 7월부터 2022년 6월까지 적용된 B값은 최저 33만 원에서 최대 524만 원이었습니다.

왜 그렇게 바뀌었을까요? 2020년의 A값은 2,438,679원이었고, B값은 최저 32만 원에서부터 503만 원까지였습니다. 그런데 2021년에는 A값이 2,539,734원으로 바뀌었고 A값의 변동률은 1.041(2,539,734원 ÷2,438,679원)이었습니다. 이에 따라 2021년의 B값은 A값의 변동률을 반영하여 최저인 32만 원은 33만(32만×1.041)으로, 최대인 503만 원은 524만 원(만 원 미만 반올림)으로 바뀐 것입니다.

국민연금 보험료

국민연금 보험료는 가입자별 B값에 보험료율(9%)을 곱하여 산출됩니다. 2022년 6월 현재 B값이 최저인 33만 원인 사람의 월 보험료는 33만 원의 9%인 29,700원이고, 최대인 524만 원인 사람의 보험료는 524만 원의 9%인 471,600원입니다. 그런데 7월부터는 B값이 35만 원에서부터 553만 원으로 조정이 되어, 보험료가 올랐습니다.

국민연금 보험료가 올라가면 가입자들의 부담이 늘어납니다. 직장 가입자는 회사와 본인이 1/2씩 부담하기 때문에 부담이 덜하지만, 본인이 혼자 다 내야 하는 지역 가입자는 부담이 더 클 수 있습니다. 하지만 내는 보험료가 인상된 만큼 나중에 돌려받는 연금 수령액도 늘어나니 꼭 나쁘다고만 할 수는 없습니다. 그렇다면 국민연금에서 연금은 얼마나 받을 수 있을까요?

국민연금의 소득재분배 효과

국민연금공단 홈페이지에 들어가면, '노령연금 예상연금 월액표'가 있습니다. 연금액은 2022년 10월 현재 {1.29×(A+B)× P15/P +…+1.2×(A+B)×P23/P}(1+0.05n/12)이라고 하는 복잡한 수식을 통해 산출이 됩니다. 여기서 'n'은 20년 초과 가입 월수, 'P'는 전체 가입자의 가입 월수, 'P15~P23'는 연도별 가입 월수, 1.29나 1.2 같은 숫자는 연금액 조정을 위한 비례상수입니다.

국민연금은 전체 국민연금가입자의 평균소득(A값)과 나의 평균소득(B값)을 더해 평균을 낸 뒤 소득대체율과 가입 기간을 곱해 연금액이 결정되는 구조로 되어 있습니다. 예를 들어 홍길동의 평균소득은 500만 원, 심청이의 평균소득은 100만 원이라고 할 때 두 사람의 평균소득은 300만 원[(500+100)÷2]이 됩니다. 따라서 홍길동은 400만 원[(300+500만)÷2], 심청이는 200만 원[(300+100)÷2]의 소득을 기준으로 연금을 받게 됩니다. 평균소득에서 홍길동은 100만 원의 손해를, 심청이는 100만 원의 이득을 보게 되는 것이죠. 다시 말해 국민연금은 A값보다 소득이 적은 사람들은 상대적으로 연금을 더 많이 받고, A값보다 소득이 많은 사람들은 자신이 낸 돈에 비해서 상대적으로 덜 받아 자연스럽게 소득 재분배 효과가 발생하도록 설계되어 있는 것입니다.

노령연금 예상액

노령연금 예상월액표를 보시면, B값이 최소인 33만 원인 사람의 경우 보험료가 29,700원이고, 10년만 납입하면 매월 154,530원씩을 받을 수 있습니다. 매월 납입한 보험료의 5.2배 정도를 평생 받는 것이죠. 29,700원씩 10년이면 총 납입한 보험료는 약 356만 원밖에 안 되는데, 만약에 이 사람이 65세부터 남자의 기대수명인 약 81세까지 16년 동안만 연금을 받는다고 해도 총 수령액은 약 3,000만 원, 낸 돈 대비 8.3배가 넘는 연금을 받게 됩니다. 낸 돈에 비해 엄청나게 남는 장사를 하는 것이죠.

※ 노령연금 예상월액표(단위: 만)

순번	가입기간 중 기준 소득월액 평균액 (B값)	연금 보험료 (9%)	가입기간						
			10년	15년	20년	25년	30년	35년	40년
1	330,000	29,700	154,530	229,830	305,120	330,000	330,000	330,000	330,000
2	400,000	36,000	158,130	235,170	312,210	389,260	400,000	400,000	400,000
3	500,000	45,000	163,260	242,800	322,340	401,890	481,430	500,000	500,000
4	600,000	54,000	168,390	250,430	332,470	414,520	496,560	578,600	600,000
5	700,000	63,000	173,520	285,060	342,610	427,150	511,690	596,240	680,780
6	800,000	72,000	178,650	265,690	352,740	439,780	526,820	613,870	700,910
7	900,000	81,000	183,780	273,330	362,870	452,410	541,950	631,500	721,040
45	4,700,000	423,000	378,770	563,310	747,860	932,400	1,116,940	1,301,490	1,486,030
46	4,800,000	432,000	383,900	570,940	757,990	945,030	1,132,070	1,319,120	1,506,160
47	4,900,000	441,000	389,030	578,580	768,120	957,660	1,147,200	1,336,750	1,526,290
48	5,000,000	450,000	394,160	586,210	778,250	970,290	1,162,340	1,354,380	1,546,420
49	5,030,000	452,700	395,700	588,500	781,290	974,080	1,166,880	1,359,670	1,552,460
50	5,240,000	471,600	406,480	604,520	802,560	1,000,610	1,198,650	1,396,690	1,594,740

그런데, 매월 보험료 대비 연금액의 비율은 소득이 높아질수록 점점 줄어들어, B값이 524만 원인 사람의 경우 매달 471,600원을 내고, 10년이 지나면 매월 보험료의 0.86배 정도인 406,480원씩의 연금을 받을 수 있습니다. 471,600원씩 10년이면 약 5,660만 원 정도를 내고, 81세까지 약 7,800만 원, 낸 돈 대비 약 1.4배 정도의 연금을 받게 됩니다. 다시 말해 소득이 적은 사람은 적은 보험료를 내고 많은 연금을 받고, 소득이 높은 사람은 많은 보험료를 내고, 상대적으로 적은 연금을 받게 되어 서운한 감정이 들 수 있습니다.

이는 국민연금제도의 소득재분배 기능을 생각하면 어쩔 수 없는 일입니다. 그런데 노령연금 예상월액표를 보시면, 최고소득인 524만 원에 해당되어 매달 471,600원씩 40년을 납입하더라도 연금액은 1,594,740원에 불과합니다. 더구나 이 연금액도 연금소득세는 감안하지 않은 것입니다. 연간 1,200만 원까지의 연금에 대해서는 3~5%라는 저율의 연금소득세가 부과되지만, 1,200만 원이 넘으면 6~45%의 종합소득세 과세 소득에 포함되게 됩니다. 쥐꼬리만 한 연금에 세금까지 뗀다고 볼멘소리가 나올 만합니다.

물론, 다른 소득이 없고, 국민연금만 있는 경우에는 별도로 종합소득세 신고를 할 필요가 없습니다. 국민연금관리공단에서 연금을 지급할 때 연금소득 간이세액표에 따라 세금을 제외하고 연금을 지급하기 때문입니다. 다른 소득이 있어 종합소득신고를 하게 되는 경우에도, 연간 총 연금액이 350만 원 이하라면, 전액 연금소득공제가 되기 때문에 국민연금 부분은 따로 신고하지 않아도 됩니다. 소득이 없거나, 국민연금 수령액이 극히 적어야 세금이 과세되지 않는다는 것이죠.

국민연금만으로는 안심할 수 없습니다

국민연금 연금액을 구하는 식을 보면 비례상수가 있습니다. 이를 통해 소득대체율을 알 수 있는데, 소득대체율은 연금가입 기간 중 평균소득의 몇%를 연금으로 받을 수 있는지를 보여 주는 비율입니다. 그런데 정부에서는 국민연금기금의 고갈을 막기 위해 비례상수 조정을 통해 소득대체율을 점점 더 낮춰 가고 있습니다.

1988년부터 1차 연금개혁이 있었던 1998년까지는 2.4였던 비례상수는 2008년까지는 1.5, 이후에는 매년 0.0015씩 줄어들어 2028년에는 1.2가 됩니다. 이에 따라 국민연금 소득대체율은 1988~98년에는 70%, 1999~2007년에는 60%였지만 2008년 50%에서 매년 0.5%포인트씩 낮아져 2028년에는 40%까지 떨어지게 됩니다.

국민연금 가입 기간 동안 평균소득이 300만 원이라면 국민연금 도입 초기 연금 수령자들은 300만 원의 70%인 210만 원의 연금을 받을 수 있었지만, 2028년 이후에 국민연금을 받는 사람들은 300만 원의 40%인 120만 원밖에 못 받는다는 것이죠. 국민연금의 실효성에 의문이 들 수밖에 없습니다.

실제 연금 수령액을 보면 더 답답합니다. 국민연금 공표통계에 따르면 2022년 5월 말 현재 국민연금 수령자는 약 600만 명, 노령연금 수급자는 약 503만 명에 월평균 수령액은 약 58만 원입니다. 국민연금에 20년 이상 보험료를 낸 완전노령연금 수급자는 약 83만 4,000명으로 월평균 약 98만 원 정도를 연금으로 받고 있습니다. 또 월 200만 원 이상 연금을 받는 사람은 3,500명에 정도에 불과하고, 월 100만 원 이상 연금을 받는 사람은 약 50만 4,000명으로 전체 국민연금 수령자의 약 8.4% 정도밖에 되지 않습니다.

최고 보험료인 약 50만 원 정도의 보험료를 40년 동안이나 내도 매달 연금이 160만 원 정도밖에 안 나오는 국민연금을 연금이라고 할 수 있을까요? 더구나 40년 동안 직장 생활을 할 수 있는 사람이 얼마나 될까요? 국민연금은 연금이라기보다는, 국가에서 실시하는 '소득 재분배제도 중 하나'라고 보는 것이 마음 편합니다. 이런 국민연금만으로 노후준비가 충분할까요?

03
안정적인 노후생활을 위한 퇴직연금

우리나라 국민들의 대표적인 노후생활 보장 수단인 국민연금은 공적연금으로 가입과 탈퇴가 자유롭지 않습니다. 국민연금은 회사와 근로자가 보험료의 1/2씩을 부담하여 가입 중 근로자의 부담이 적습니다. 은퇴 후에는 연금이 물가상승률에 따라 체증되어 연금의 실질 가치를 보전할 수 있는 장점도 큽니다. 하지만, 연금액이 너무 적어 연금으로서 제 역할을 기대하기 힘들다는 단점도 있습니다.

퇴직연금이란?

국민연금의 단점을 보완할 수 있는 사적연금 중 하나가 '퇴직연금제도'입니다. 퇴직연금제도는 근로자가 재직하는 동안 퇴직금을 외부 금융기관에 적립한 후 근로자가 퇴직할 때 연금 또는 일시금으로 지급하는 제도입니다. 원래 퇴직연금은 공무원연금법상 공무원들이 퇴직할 때만 인정되던 제도였지만, 2004년 퇴직연금제도 도입을 목적으로 한 근로자 퇴직급여 보장법이 통과됨으로써, 2005년 12월부터 시행되었습니다.

※ 퇴직연금제도

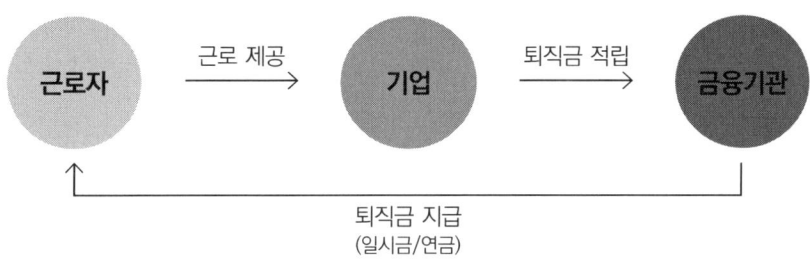

직장에 다니면 1년에 12번의 월급을 받는 것 같지만, 사실은 13번을 받는 것과 같습니다. 12번은 매달 근로자가 직접 수령하고, 한 달 치는 퇴직금 명목으로 회사 장부에 퇴직급여 충당금으로 잡혀 있다가 근로자가 퇴직할 때 받게 되는 것이죠. 일반적으로 법정 퇴직금은 계속 근속연수(재직 일수÷365)×30일분의 평균임금으로 계산되며, 근로자가 퇴직하는 날부터 14일 이내에 지급받게 됩니다.

퇴직금 계산식에서 중요한 것은 재직 기간인데, 우리나라 근로자의 한 직장에서의 평균 근속연수는 약 5년 정도에 불과합니다. 대기업 같은 곳에서야 20년 이상도 근무할 수 있지만, 우리나라 기업 중 98%가 중소기업입니다. 한 직장에서 5년 정도 근무하고 퇴직금 받고, 또 다른 회사 취직해서 다시 5년 정도 근무하고 퇴직금 받고… 이와 같은 일을 반복하며 살아가는 것이 우리나라 근로자들의 모습입니다.

회사에서 근무 기간이 짧다 보니 퇴직금도 적습니다. 거기다 근로자 대부분이 퇴직금을 일시금으로 수령하여, 가계 생활비, 물건 구입, 부채 정리 등에 쓰다 보니 노후자금으로 활용될 수 없습니다. 또 퇴직금을 회사가 가지고 있다 보니, 회사가 도산하게 되면 퇴직금을 못 받을 수도 있습니다. 회사 종업원들의 수급권이 제대로 보장되지 못하는 것이죠. 이런 여러 가지 문제점들을 개선하고자 도입된 것이 퇴직연금제도입니다.

퇴직연금의 종류

퇴직연금제도에는 3가지가 있습니다. 확정급여형(DB형: Defined Benefit)은 회사가 퇴직금을 운용한 후, 근로자가 퇴직할 때 퇴직금을 지급하는 형태이고, 확정기여형(DC형: Defined Contribution)은 매년 임금총액의 1/12을 수령하여 근로자가 직접 운용하는 형태이며, 개인형 퇴직연금(IRP: Individual Retirement Pension)은 재직 중인 근로자가 추가로 더 돈을 내거나 퇴직한 근로자가 퇴직금을 예치한 후 계속 운용하는 형태입니다.

좀 더 구체적으로 살펴볼까요? 먼저, DB형은 근로자가 받을 퇴직급여가 이미 확정되어 있다는 점에서 사실상 기존의 퇴직금 제도와 같습니다. 예를 들어 월 평균임금이 300만 원이고 근속연수가 20년인 회사원의 퇴직금은 6,000만 원(300만 원×20년)입니다. 근로자 자신이 받을 퇴직금이 얼마인지 쉽게 알 수 있습니다.

※ 퇴직연금 종류

구분	확정급여형(DB형)	특정기여형(DC형)	개인형퇴직연금(IRP)
개념	근로자가 지급받는 퇴직금 수준이 사전에 확정됨	퇴직금 지급을 위하여 사용자가 부담해야 할 부담금 수준이 사전에 결정됨	직장 이동 및 조기 퇴직 시 별도의 개인구좌를 만들어 운용
최종 급여	사전에 결정된 목표이율에 의거 확정	퇴직금 운용 실적에 따라 변동(퇴직금+운용손익)	
기업 부담액	연금 계리에 의거 산출	연간 총 임금의 1/12(8.3%) 이상	퇴직일시금+계약자 추가불입금
비용 부담자	사용자(회사)	사용자(근로자 추가 가능)	계약자
세제혜택	사외적립 75%이상, 손비 인정	사외 적립 전액 손비 인정	연금 수령 시 세제혜택 강화 예정
운용책임	사용자(회사)	근로자	계약자
투자제한	위험 자산 투자한도 40%이내	위험 자산 투자비율 40%로 제한 (주식 등 수익의 변동성이 큰 종목 직접투자 금지)	
선호계층	호봉제 기업의 장기 근속자	연봉제 기업의 단기 근속자	연금수령 선호자

그런데 과거에는 퇴직금을 회사가 가지고 있었기 때문에, 회사가 망하기라도 하면 퇴직금을 받을 수 없었습니다. DB형은 의무적으로 근로자 퇴직금의 일정 비율을 사외 금융기관에 적립하도록 했습니다. 최초에는 60%였지만, 점차 늘어나 2018년 이후로는 80% 이상을 사외에 적립해야 합니다. 쉽게 말해 근로자가 받을 퇴직금이 1,000만 원이라면, 800만 원 이상은 사외에 적립하고, 200만 원 이하만 회사가 가지고 있으라는 이야기죠.

DB형은 회사가 망하더라도 최소 80% 이상의 퇴직금은 받을 수 있습니다. 퇴직금을 전부 날릴 위험은 없지만, 그래도 여전히 20% 정도는 못 받을 위험이 있습니다. 또 중도인출이 불가능하고, 물가가 오른 만큼 임금이 오르지 않으면 연금의 가치가 떨어질 위험도 있습니다. 이 때문에 DB형은 장기적으로 도산할 위험이 적고, 임금 인상률이 높은 회사, 장기 근무할 근로자에게 어울리는 연금제도라고 할 수 있습니다.

DC형은 회사에서 연간 임금총액의 1/12 이상을 1년에 한 번 이상 근로자의 개인 계좌에 넣어 주면 그 돈을 근로자가 직접 운용하는 제도입니다. '어차피 줄 퇴직금, 매년 근로자 당신 계좌로 넣어 줄 테니 당신이 알아서 관리하라'는 것이죠. DC형은 퇴직금이 개인계좌에서 관리되므로 혹시 회사가 파산하더라도 퇴직금을 못 받을 염려가 없습니다. 그리고 운용실적이 좋으면, 예상보다 많은 퇴직금을 받을 수도 있습니다.

DC형은 다른 회사로 이직할 경우 이전이 가능하여, 장기적으로 퇴직연금을 유지할 수 있습니다. 다만, 적립금 운용에 대한 책임을 근로자가 져야 하는 만큼 신경 쓸 일이 많고, 운용 결과가 나쁘면 손실이 생길 수도 있어 운용기관을 잘 선택해야 합니다. DC형은 임금 인상률이 낮은 회사의 근로자나 직장 이동이 잦은 근로자, 또는 금융이나 투자에 대한 이해도가 높아 적립금을 잘 운용할 수 있는 근로자에게 적합하다고 할 수 있습니다.

IRP는 근로자가 이직하거나 퇴직할 때 수령한 퇴직금을 은퇴할 때까지 보관하고 운용할 수 있도록 한 제도입니다. 근로자가 재직 중에 자율적으로 가입할 수 있고, 퇴직할 때 받은 퇴직금을 IRP에 넣은 후 계속 운용하다가 은퇴 시점에 일시금이나 연금으로 받을 수 있습니다. 2017

년 7월 26일 이후로는 소득이 있는 모든 근로자가 가입할 수 있고, 개인연금과 합산하여 최대 900만 원까지 세액공제 혜택도 받을 수 있습니다.

안정적인 노후를 위해 꼭 필요한 퇴직연금

퇴직연금제도는 평균수명은 늘어나고, 평생 고용이 붕괴된 가운데, 노후가 불안한 누구나 가입하면 좋은 제도입니다. 국민연금이 노후 기초생활보장을 위한 국가보장제도라면, 퇴직연금은 노후 안정적인 생활을 위한 기업보장제도라고 할 수 있습니다. 근로자가 직장을 통해서 노후생활을 보장받는다는 것이죠. 국민연금 수령자의 평균 연금액이 50만 원대에 불과한 현실에 비추어, 퇴직연금은 또 하나의 필수적인 노후생활 보장수단임에 틀림이 없습니다.

04
노후준비의 최강자 IRP

개인형 퇴직연금제도(IRP: Individual Retirement Pension)는 근로자가 재직 중에 자율적으로 가입하거나, 퇴직할 때 받은 퇴직금을 계속해서 적립 및 운용할 수 있는 제도입니다. 2005년 퇴직연금제도가 시행되면서 확정급여형(DB형)과 확정기여형(DC형)과 함께 개인퇴직계좌(IRA)도 도입이 되었습니다. 그런데, IRA는 근로자가 퇴직하거나 중간정산을 할 때 일시적으로 자금을 넣어 두는 저축계좌에 불과해 유명무실해졌고, 그 단점을 보완해 2012년 새롭게 도입된 제도가 IRP입니다.

IRP에는 개인형과 기업형 2가지가 있습니다. 개인형 IRP는 누구나 가입할 수 있습니다. 퇴직자는 물론, DB형, DC형 퇴직연금에 가입한 근로자도 가입이 가능하고, 2017년 7월 26일부터는 근로소득자, 개인사업자, 공무원, 교직원, 군인 등 직역연금 가입자(공무원, 군인, 교직원, 별정우체국 직원 등), 의사, 변호사 등 전문직, 단시간 근로자 등 소득이 있는 취업자도 누구나 가입할 수 있습니다. 퇴직연금 미가입자는 퇴직금을 받아 가입할 수 있고, 퇴직연금 가입자는 재직 중에도 가입해서 여유자금을 납입할 수 있습니다.

※ 퇴직연금제도와 IRP

구분	DB형	DC형	IRP	
			기업형	개인형
급여 수준	계속 근로기간 1년당 30일 평균임금 이상	부담금 + 운용 수익		
기업부담금	퇴직부채 대비 법정 최소수준 이상	연간 임금총액의 1/2 이상		퇴직급여
운용 및 손익 귀속주체	기업	근로자		
추가 납입	불가능 (개인형 IRP 가입 후 추가 납입 가능)	가능(연간 1,800만 원 이내)		
중간정산, 중도인출 등	불가	법적요건 충족 시 중도인출 가능		

기업형IRP는 소규모 사업장에만 인정된 퇴직연금 특례제도입니다. 상시 10명 미만의 근로자를 사용하는 사업장의 경우 개별 근로자의 동의를 얻어 IRP에 가입하면 퇴직급여제도를 설정한 것으로 인정됩니다. 개별 근로자가 퇴직연금사업자와 계약을 체결하고, 제도 운용은 확정기여형 퇴직연금제도(DC형)와 유사합니다. 사용자는 가입자별로 연간 임금총액의 1/12 이상에 해당하는 부담금을 가입자의 개인형 퇴직연금제도에 납입하며, 가입자는 사용자가 부담하는 부담금 외에 가입자 부담으로 추가자금도 납입이 가능합니다. 그리고 운용에 대한 결과와 책임은 근로자에게 귀속됩니다.

IRP는 잦은 직장 이동, 중간정산, 연봉제 확산 등으로 노후자금으로 활용되지 못하고 소액 생활자금으로 소비되는 퇴직금을 퇴직소득세 과세 없이 IRP로 이전하여 은퇴할 때까지 보관 및 운용한 후 은퇴 시점에 일시금이나 연금으로 수령할 수 있게 한 제도입니다. 한 회사에서 퇴직하고 받은 퇴직금을 IRP로 보내고, 또 다른 회사에 근무하다가 받은 퇴직금을 다시 IRP로 보내는 방식으로, 여러 직장에서 받은 퇴직금을 모아서 더 크게 만들 수 있습니다. 또, 퇴직 전, 여유자금이 있으면 IRP에 넣어 퇴직금을 더욱 키울 수도 있습니다.

※ IRP 운용 방식

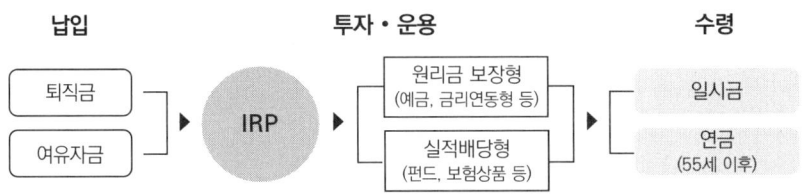

IRP에 모인 퇴직금이나 여유자금은 예금, 채권, 펀드, 주가연계증권(ELS) 등에 투자할 수 있고, 상품 운용 방식은 근로자 본인이 원하는 대로 언제든지 바꿀 수 있습니다. 정년이 가까워져 원리금 보장을 중시한다면 정기예금만으로 채워 상품을 운용할 수도 있습니다. 반면, 아직 은퇴까지 시간이 많이 남은 젊은 층은 펀드 등 투자형 상품을 혼합하여 공격적으로 운용할 수 있습니다. 그런데 손실 가능성이 비교적 큰 주식형·주식혼합형 펀드는 전체 적립금의 70% 범위 내에서만 가입이 가능합니다.

IRP에는 크게 3가지 혜택이 있습니다. 우선, 연금저축과 합쳐 연간 1800만 원 한도 내에서 자유롭게 납입할 수 있습니다. 연금저축에 가입하지 않은 사람은 IRP에만 1,800만 원을 넣을 수도 있습니다. 세액공제 대상 금액 900만 원을 초과해서 납입한 금액은 당해에는 불가능하지만,

다음 연도로 이월하여 세액공제 혜택을 받을 수 있습니다. 예를 들어 연간 총급여가 5,500만 원 미만인 45세 사람이 올해 IRP에 1,000만 원을 납입하면, 900만 원에 대해서는 올해 세액공제를 받고, 나머지 100만원은 내년으로 넘겨 세액공제를 받을 수 있는 것이죠.

두 번째로 IRP에 가입하면 2023년부터는 연금저축과 합산해 최대 900만 원까지 세액공제 혜택을 받을 수 있습니다. 세금이 부과되는 소득의 크기를 줄여 주는 소득공제가 아니라, 세금 자체를 돌려주는 세액공제여서 환급금 규모가 큽니다. 환급금의 크기는 소득의 크기에 따라 달라집니다. IRP 하나만으로 또는 연금저축과 IRP를 합해 900만 원을 납입한 경우를 생각해 볼까요?

총 급여액이 5,500만 원 미만이거나 종합소득금액이 4,000만 원 미만일 경우에는 최대 900만 원까지 15%, 지방소득세를 합쳐 16.5%를 연말정산에서 환급받을 수 있습니다. 900만 원의 16.5%인 148만 5,000원을 환급받을 수 있는 것이죠. 총 급여액이 5,500만 원 이상이거나 종합소득이 4,000만 원 이상일 때는 12%, 지방소득세를 합쳐 13.2%를 환급받을 수 있습니다. 다시 말해 900만 원의 13.2%인 118만 8,000원을 환급받을 수 있는 것입니다.

※ 연금계좌 세액공제(출처: 기획재정부)

구분	세액공제 대상 납입한도 (연금저축 납입한도) 나이 구분 없음	세액 공제율
5.5천만 원↓(4.5천만 원)	900만 원(600만 원)	15%
5.5천만 원 초과 (4.5천만 원)		12%

세 번째로, IRP에 가입하면 복리효과를 볼 수 있다는 장점도 있습니다. 일반적으로 투자한 돈에서 발생한 이익에 대해서는 15.4%의 이자소득세를 내야 하지만, IRP에서 생긴 수익에 대한 세금은 은퇴 시점으로 과세가 이연됩니다. 따라서 매년 세금에 해당되는 부분만큼이 재투자되어 실질수령액이 증가하는 효과가 있기 때문에 근로자에게 유리합니다. IRP의 수익에 대한 세금은 은퇴 시점에 퇴직소득세 또는 연금소득세로 납부하게 되는데, 일시금 대신 연금을 선택하면 낮은 세율을 적용받게 됩니다. 70세 미만일 경우에는 5.5%, 70~79세일 때는 4.4%, 80세 이상일 때는 3.3%의 세금만 떼는 것이죠.

IRP는 직장 생활도 불안하고, 노후도 불안한 요즘 시대에 꼭 필요한 제도입니다. 정부에서 세액공제 혜택까지 주면서 IRP 제도를 운영하는 것은 그만큼 우리나라 국민들의 직업 상황이나 노후준비 상태가 좋지 못하기 때문입니다. 4차 산업혁명의 핵심은 다른 게 없습니다. 기계가 인간의 육체노동뿐 아니라 정신노동까지도 대신하게 되고, 그 속도는 점점 더 빨라진다는 것이죠. 한 직장에 머무를 수 있는 시간들이 짧아지고, 그만큼 퇴직금도 적어지고, 노후준비는 더욱 어려워지고, 노후의 가난과 맞닥뜨릴 시간은 점점 더 빨라지고 있습니다. 이런 상황에서 IRP는 절세혜택을 받으면서, 퇴직금을 보호하고 더 키워서, 행복한 노후를 준비하는 데 있어 매우 좋은 제도입니다.

05
퇴직연금은 믿을 수 있을까?

근로자의 안정적인 노후 보장을 위해 2005년 퇴직연금제도가 시행된 후 양적으로는 엄청나게 성장했습니다. 금융감독원 통합연금 포털에 나온 자료를 보면, 2020년 현재 우리나라 퇴직연금 가입 건수는 DB형이 13만 8,000건, DC형이 36만 건, 개인형 IRP가 419만 건, 기업형 IRP가 3만 9천 건으로 총 472만 7,000건입니다. DB, DC형 가입자가 IRP에 추가로 가입할 수 있는 것을 감안하더라도 400만 명 이상의 직장인이 퇴직연금에 가입하고 있다는 말입니다.

※ 퇴직연금 가입 현황(출처: 금융감독원)

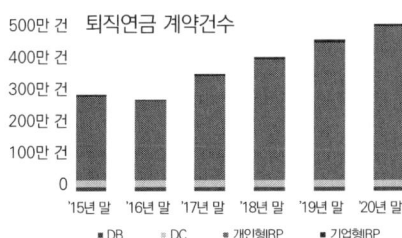

단위: 만 건	'15년 말	'16년 말	'17년 말	'18년 말	'19년 말	'20년 말	비중
DB	11.8	12.4	12.9	13.2	13.8	13.8	2.9
DC	20.5	23.6	26.7	30.1	33.4	36.0	7.6
개인형IRP	238.4	221.4	290.4	334.7	377.2	419.0	88.7
기업형IRP	3.7	3.6	3.7	3.8	3.9	3.9	0.8
합계	274.4	261.0	332.7	381.8	428.3	472.7	100.0

③ 많은 퇴직연금 적립금

　퇴직연금 적립금은 2020년 말 기준으로 255조 5,000억 원에 달하고 있습니다. 고용노동부와 금융감독원이 발표한 '퇴직연금 적립금 운용현황 통계'에 따르면 퇴직연금 적립금은 2019년 221조 2,000억 원에 비해 15.5% 늘어났고, 2017년 168조 4,000억 원에 비하면 51.7%나 증가한 것으로 연평균 약 13%씩 성장한 것입니다. 퇴직연금 적립금 규모는 국민연금 883조 7,000억 원에 이어 2위이며, 사학연금 23조 2,000억 원, 공무원연금 13조 3,000억 원에 비할 바가 아닐 정도로 커졌습니다.

※ 퇴직연금 적립금 현황(출처: 금융감독원)

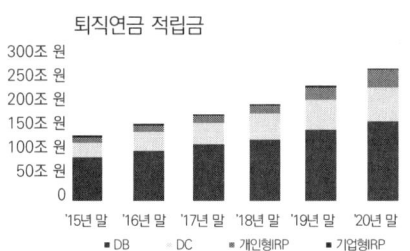

단위: 조 원	'15년 말	'16년 말	'17년 말	'18년 말	'19년 말	'20년 말	비중
DB	86.3	99.6	110.9	121.2	138.0	153.9	60.2
DC	28.4	34.2	41.4	48.7	56.8	66.1	25.9
개인형IRP	10.9	12.4	15.3	19.2	25.4	34.4	13.5
기업형IRP	0.7	0.8	0.9	0.9	1.0	1.1	0.4
합계	126.3	147.0	168.5	190.0	221.2	255.5	100.0

　왜 이렇게 퇴직연금 적립액이 늘어났을까요? 첫 번째는 퇴직연금을 도입하는 기업들이 증가하고 경과 연수가 늘어남에 따라 자연스럽게 적립금이 커졌기 때문입니다. 두 번째는 근로자가 납입한 금액에 대해 연간 900만 원까지 세제 혜택이 늘어남에 따라 자발적으로 퇴직연금에 가입하거나 납입액을 늘리는 근로자들이 많아졌기 때문입니다. 그리고 세 번째는 최근 몇 년간 주식시장이 활성화됨에 따라 평가금액이 커진 탓이기도 합니다.

낮은 퇴직연금 수익률

 2020년 퇴직연금 연간 수익률은 2.58%로 매년 상승하는 추이를 보였습니다. 연 환산 수익률은 5년 수익률이 1.85%, 10년 수익률이 2.56%로 장기로 갈수록 높은 수익률을 보였습니다. 제도 유형별로는 확정급여형이 1.91%, 확정기여형이 3.47%, IRP는 3.84%로 확정기여형과 IRP 수익률이 상대적으로 높았고, 상품 유형별로도 원리금 보장형 1.68%에 그친 반면, 실적배당형은 금리 인하와 주식가격 상승에 탄력을 받아 10.67%의 높은 수익률을 보였습니다.

 수익률이 높아야 적립금이 커지고, 은퇴 후 연금액이 많아진다는 것은 당연한 이야기입니다. 수익률을 높이기 위해서는 일찍 퇴직연금에 가입하여 다양한 자산에 적극적으로 투자함으로써 은행의 예·적금 이율 이상의 수익을 달성하고자 노력해야 합니다. 특히 저금리 기조가 장기화되고, 물가상승률을 제하면 사실상 마이너스 금리 시대라고 할 수 있는 요즘 같은 상황에서는 특히 수익률을 높일 수 있는 방법을 찾아야 합니다. 그런데 현실은 어떨까요?

퇴직연금 수익률이 낮은 이유

 먼저, 2020년 퇴직연금 적립금을 유형별로 살펴보면, 확정급여형(DB)이 153조 9,000억 원으로 전체 적립금의 60.2%, 확정기여형(DC)이 67조 2,000억 원으로 26.3%, 개인형 퇴직연금(IRP)이 34조 4,000

억 원으로 13.5%인 것을 알 수 있습니다. 근로자 10명 중 6명 이상이 원리금을 보장하는 DB형을 선택하고 있는 것이죠. DB형은 정해진 퇴직금을 기업이 보장해 주고 운용 주체도 기업이기 때문에 안정성은 높지만, 수익성 측면에서 적립금을 키우기에는 한계가 있습니다.

※ 퇴직연금 적립금 구성(출처: 금융감독원)

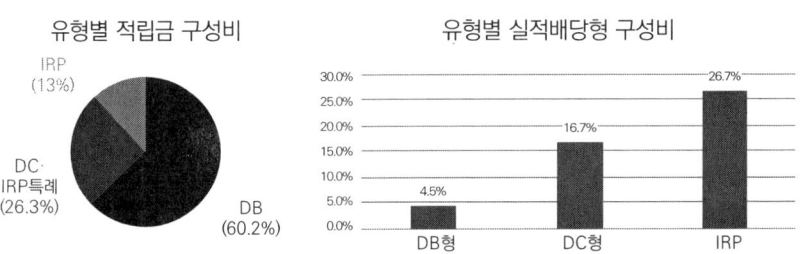

두 번째로 투자 측면에서 살펴보면, 원리금 보장형이 228조 1,000억 원으로 89.3%, 실적배당형이 27조 4,000원으로 10.7%를 차지해 원리금 보장형의 비중이 압도적으로 높았습니다. 실적배당형의 운용 비중은 확정급여형이 4.5%, 확정기여형이 16.7%, IRP가 26.7%였습니다. 근로자가 운용 주체가 되는 확정기여형이나 IRP에서 실적배당형의 비중이 높지만, 전체 실적배당형의 운용 비중은 2019년 대비 겨우 0.3%(4조 4,000억 원)가 늘어나는 데 그쳤습니다.

세 번째로 통계청 자료에 따르면, 2019년에 퇴직연금에서 중도인출을 한 사람은 약 7만 3,000명, 인출금액은 2조 8,000억 원에 이르렀습니다. 중도인출을 한 사유를 보면 중도인출 인원 기준으로 장기요양

(37.7%), 주택 구입(30.2%), 주거임차(22.3%), 회생절차(9.3%), 파산선고(0.2%) 순으로 많았습니다. 또, IRP를 해지한 사람은 86만 5,000명에 해지 금액은 11조 2,000억 원에 달했습니다. 이렇게 잦은 중도인출이나 해지는 연금으로 사용할 기회를 놓치는 결과를 초래하게 됩니다.

※ 퇴직연금 중도인출 현황(출처: 통계청)

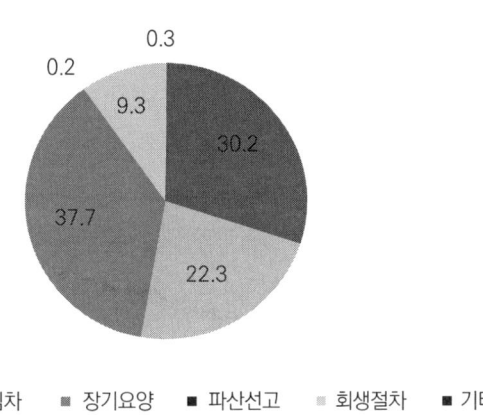

네 번째로 2019년 기준 퇴직연금 도입 대상 사업장은 140만 3,000개소에 달하지만 도입을 한 곳은 38만 5,000개소(27.5%)에 불과합니다. 가입대상 근로자는 1,150만 9,000명에 달하지만 가입한 사람은 592만 9,000명(51.5%) 수준입니다. 사업장 규모에 따른 퇴직연금 도입률을 살펴보면 300인 이상 기업의 경우 도입률이 91.4%에 달하지만, 전체 사업장의 52.8%(20만 9,000개)를 차지하는 5인 미만 사업장의 경우는 10.3%에 불과합니다. 사업장 규모에 따라 양극화 현상이 크다는 것이죠.

※ 사업장별 퇴직연금 도입률(출처: 금융감독원)

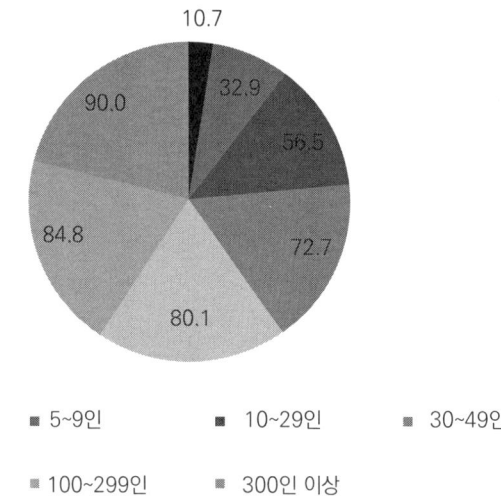

- 5인 미만
- 5~9인
- 10~29인
- 30~49인
- 50~99인
- 100~299인
- 300인 이상

믿을 수 없는 퇴직연금

원래 퇴직연금은 근로자의 노후소득 보장과 생활 안정을 위해 퇴직금을 외부 금융기관에 적립해 운용하게 하고, 근로자가 퇴직할 때 연금이나 일시금으로 지급하는 제도입니다. 이 제도가 제대로 활성화되기 위해서는 근로자들이 그 취지를 잘 이해하고 적극적인 투자 노력을 기울여야 합니다. 하지만 아직 가입 인원도 적고, 지나치게 원리금 보장을 선호하고, 운용수익률도 낮고, 중도인출이나 해지가 많은 등 개선되어야 할 부분이 많습니다.

퇴직연금 적립금 규모도 급격하게 커지고 수익률도 과거보다는 추세

이며, 수익률이 20% 이상 되는 금융투자기관도 나오고 있지만 전체 퇴직연금 평균 수익률이 2.5% 정도밖에 되지 않다 보니 은행 적금만도 못하다는 말도 나오고 있습니다. 또 근로자가 퇴직할 때 연금으로 수령하는 비율도 계좌 기준으로 3.3% 정도에 불과하고, 근로자 대부분이 일시금으로 찾아가는 형국이니 퇴직연금제도의 실효성에 의문을 품는 사람들도 많습니다.

　퇴직 후 연금액은 퇴직 시점까지 쌓인 적립액에 비례하고, 적립액은 적립 기간과 운용수익률에 따라 차이가 큽니다. 적립 기간은 근로자의 근속기간에 따라 달라지는데, 취업 연령은 늦어지고, 퇴직 연령은 빨라지고 있습니다. 2021년 5월 통계청 자료에 의하면 취업 유경험자가 가장 오래 근무한 일자리에서 일한 기간은 평균 15년 2개월로 10년 전에 비해 4.7년이나 줄었습니다. 거기다 수익률은 바닥을 기고 있습니다. 퇴직연금은 정말 노후에 연금으로 제대로 활용될 수 있을까요?

06
늘어나는 황혼이혼

노후에 대한 생각 첫 번째는 '누구랑, 어디서, 무엇을 하며 살 것인가'입니다. 여기서 가장 중요한 것이 '누구랑'입니다. '그냥 지금까지 살아온 배우자와 함께 죽을 때까지 잘 살면 되지, 새삼스럽게 '누구랑'이라니 무슨 말인가?' 싶죠? 그런데 배우자도 그렇게 생각할까요? 결혼 생활은 한편으로 사랑이 무화(無化) 되는 과정이어서, 결혼 생활이 길어질수록 사랑은 식어 가고, 크고 작은 앙금은 쌓여 가기 마련입니다. 과거에는 아무리 서운한 감정이 많아도 자식들 때문에 혹은 체면 때문에 끝까지 참고 사는 사람들이 많았지만, 요즘은 그렇지 않은 것 같습니다. 매년 늘어나고 있는 황혼이혼이 그 증거입니다.

황혼이혼 증가 추이

2020년 우리나라 혼인 건수는 21만 4,000건으로 2019년 대비 10.7%나 감소했습니다. 1970년 30만 건, 1980년 40만 건이었던 혼인 건수는 1996년 43만 건으로 최고점을 찍은 후 계속 줄어들고 있습니다. 저출산의 영향으로 주된 혼인 연령층 인구가 계속 줄어들다 보니 혼인 건수도 줄고 있고, 2020년에는 연초부터 시작된 코로나19 때문에 결혼을 연기하거나 취소한 경우도 많은 것 같습니다. 또, 2020년은 사망자 수가 출생자 수를 초과하는 데드크로스(Dead-Cross)가 처음으로 발생한 해였습니다. 인구재앙이 시작된 것이죠. 결혼을 해야 애를 낳고, 출산율이 높아져야 인구가 줄어드는 것을 막을 수 있는데 걱정입니다.

2020년 우리나라 이혼 건수는 10만 7,000건으로 2019년 대비 3.9% 감소했습니다. 1970년 1만 건이었던 이혼 건수는 계속 증가하여 2003년 17만 건까지 치솟은 후 줄어드는 추세를 보이고 있습니다. 혼인 건수가 줄어들다 보니 이혼 건수도 줄어드는 것이 당연한 일이겠죠. 그런데, 황혼이혼 건수는 늘어나고 있습니다. 황혼이혼은 혼인 기간이 20년 이상인 부부가 이혼하는 경우를 말합니다. 황혼이혼 건수는 1990년 2,363건에서 1998년 1만 4,375건으로 1만 건을 넘어선 이후 계속 늘어나 2020년에는 3만 9,671건이었고, 2021년에는 4만 건을 돌파할 것으로 보입니다. 도대체 20년 넘게 같이 살아온 부부가 왜 이혼을 하는 것일까요?

황혼이혼 왜 할까?

"하고 싶은 것을 하지 않아 후회하는 것보다는 굶어 죽는 것이 낫다"라는 신조를 가지고 아마존을 만든 세계 최고의 부자 제프 베조스가 2019년 이혼했습니다. 결혼 생활 25년 만의 일입니다. 언론에 따르면 그는 트위터를 통해 "우리는 오랜 기간 사랑에 대한 탐색과 시험적인 별거 끝에 이혼을 결정했고, 앞으로 친구로서 공유된 삶을 이어갈 것"이라고 말했다고 합니다. 또, 2021년에는 세계 최고의 부자 중 한 명인 마이크로소프트의 창업자인 빌 게이츠가 결혼 27년 만에 이혼했습니다. 빌 게이츠 부부는 공동 명의의 트윗을 통해 "우리는 인생의 다음 단계에서 부부로서 함께 성장할 수 있다고 더 이상 생각하지 않는다"라고 말했다고 합니다.

황혼이혼을 한 두 사람 모두 근사한 이혼 사유를 댔지만, 사실은 자신들이 저지른 불륜 때문에 이혼을 당한 것으로 보입니다. 제프 베조스는 TV 앵커였던 여성과 바람을 피웠고, 빌 게이츠도 회사 내 여성과 불륜 관계에 있었던 것 같습니다. 내로남불을 꿈꾸는 사람들이 꼭 기억해야 할 불변의 진리는 '불륜의 시작은 달콤하지만, 끝은 참담하다'는 것입니다. 대가를 치르지 않아도 되는 불륜은 없습니다. 배우자의 불륜 사실을 알고도 자녀나 경제적인 이유 때문에 참고 살다가, 자녀들도 다 크고, 경제적인 불편함이 줄어들면 이혼장을 내미는 사람들도 있습니다. 불륜은 황혼이혼의 원인 중 높은 순위를 차지합니다.

황혼이혼 사유는 대개 '장기 별거', '성격 차이', '경제적 갈등', '배우자의 이혼 강요', '배우자의 폭력, 가출, 외도' 같은 것들입니다. 부부라는 단 두 사람 사이에서도 수많은 사건, 사고가 생기는 것이 결혼 생활이라는 것을 알 수 있습니다. 한국가정법률상담소를 찾은 여성들은 남편의 폭행이나 외도 등을 이유로 이혼을 원하는 경우가 많았고, 남성들은 퇴직 후 경제력이 없어지니까 배우자와 자녀들로부터 무시당하는 것을 참을 수 없다고 하는 경우가 많았습니다. 그래서 '예전처럼 힘들게 사느니, 깔끔하게 이혼을 하고, 이제부터라도 나만의 인생을 찾는 게 낫겠다'고 생각하는 사람들이 늘어나고 있습니다.

부부가 함께 노후를 보내게 된다는 보장이 없다

탈무드에 나오는 유머가 있습니다. 어느 부부의 25주년 은혼식 날, 많은 사람들의 축하를 받고 싱글벙글 웃고 있는 부인과 다르게 남편은 하염없이 울고 있었습니다. 행사를 맡은 사람이 남편에게 "왜 이 좋은 날 울고 있느냐"라고 물었더니 남편이 말했습니다. "내가 결혼을 하고 한 5년쯤 지나니까 저 여자를 죽여야 되겠다는 생각이 들었습니다. 그래서 변호사에게 '아내를 죽이면 몇 년 정도 형을 살게 되느냐'고 물었더니 '20년 정도'라고 알려 주었습니다. 그런데 같이 사는 아내를 차마 죽일 수가 없어 그만두었습니다. 그런데 오늘 다시 생각해 보니, 그때 아내를 죽였으면 지금쯤 형기를 마치고, 앞으로는 자유롭게 살 수 있을 텐데 그때 실행을 못 한 것이 너무 후회된다"라고 말이죠.

황혼이혼이 증가하는 것은 사회적으로 이혼남, 이혼녀에 대한 껄끄러운 시선이 사그라들고, 국민연금 분할청구도 가능해지면서 최소한의 경제적 기반이 마련된 점 때문이기도 하지만, 가장 큰 원인은 바로 '고령화'입니다. 자녀를 다 키우고 나서도 살아야 할 기간이 점점 더 늘어나고 있습니다. 지금까지 살아온 것만 해도 힘겨운 배우자에게는 그보다 더 긴 시간을 또 함께 살아 내야 하는 부담이 클 수밖에 없습니다. 지금의 배우자가 끝까지 당신과 함께 노후를 보낼 수 있을까요? 노후가 되면 배우자 저 혼자 살기도 벅차서 당신을 귀찮아하지는 않을까요? 고령 사회로 갈수록 가장 가까운 배우자 간에도 서로의 노후를 기대기가 힘들어지고 있습니다.

07
졸혼도 결국은 별거

유튜브에서 인기를 끌고 있는 영상물이 있습니다. '낄낄상회'라고 하는 몰래카메라 영상인데, 개그맨 두 사람이 사람들이 모여 있는 카페나 식당, 공원 같은 곳에서 주변 사람들을 웃기는 프로그램입니다. 불알친구 두 사람이 스님과 목사, 검사와 조폭, 건물주와 세입자 등 서로 대비되는 인물로 나와 나누는 대화가 폭소를 자아냅니다. 구독자가 100만 명이 넘고, 콘텐츠 중에는 조회 수가 1,500만을 넘긴 것도 있으며, '2020년 유튜브 국내 TOP 10'에서 3개 부문에 이름을 올리기도 했습니다.

쉽지 않은 결혼 생활

어느 영상에서는 한 사람은 한 달 전에 이혼을 했고, 다른 사람은 한 달 후 결혼할 친구로 나옵니다. 결혼할 친구가 "결혼 선배로서 조언 좀 해 주라" 하자 이혼한 친구는 "이혼 소송하는 법부터 알려 줄게"라며, "왜 결혼하려고 하냐"라고 묻습니다. "이 여자보다 더 나은 친구를 못 만날 것 같다"라고 하자 "지금 막 '이 여자다' 싶지? 그 고비를 잘 넘겨야

돼"라고 합니다. 그리고 말합니다. "네가 결혼하려고 하는 것은 판단력 부족, 내가 이혼한 것은 인내심 부족, 또 다른 모자란 친구가 재혼하려고 하는 것은 기억력 부족"이라고 말이죠.

웃기려고 하는 영상이지만, 시사하는 바가 큽니다. 다시 말해 결혼 생활이 생각만큼 쉽지 않다는 것이죠. 전통적인 부부관계에서 아내는 자기 인생에 대한 결정권이 없는 종속적인 존재였습니다. 남편 구실도 제대로 못 하면서 아내를 무시하고 폭력을 휘두르는 남편들도 많았습니다. 그런 못난 남편이지만 혹시라도 잘못되면 아내는 세상의 풍파를 온몸으로 견뎌야 했습니다. 그런 현실을 꼬집어 당나라 때 시인 백낙천은 "백 년의 고락이 모두 다른 사람에게 달려 있나니, 이 세상에 여자로 태어나지 마라"라고 했습니다.

이제 그런 시대는 갔습니다. 세상이 변한 것입니다. 우리나라는 경제성장과 민주화 과정을 겪으면서 여성들의 지위가 많이 향상되었고, 세계에서 '여성가족부'가 정부 부처 중 하나로 설치되어 있는 몇 개 안 되는 나라 중 하나입니다. 시대의 변화 속에서 부부관계도 대등한 관계로 변했습니다. 부부는 남편이나 아내 이전에 한 사람의 인격체들의 결합이기 때문입니다. 어떤 교수는 "이미 아내는 일상의 사소함으로 내가 되었다"라고 썼습니다. 과거와 다르게 일상을 함께하는 평등한 부부의 모습이 떠오릅니다.

그런데 또 다른 몰카 '훈장님'에서는 "연애는 1+1이지만 결혼은 2+4(양가 부모님)"이라며 결혼 생활은 힘들다고 합니다. 그리고 신혼 때는 아내가 해 주는 밥이나 반찬이 맛이 없어도 맛있다고 말하지만, 중년이 되면 맛있어도 맛있다고 말하면 안 된다고 합니다. 그렇지 않으면 그 반찬이 한 달 내내 나오게 된다고 합니다. 또 '두근두근'과 '심쿵'의 차이에 대해서는, 현관문 벨이 '띵동' 하며 울려 "누구세요"라고 물었을 때 "택배 왔습니다"라고 하면 '두근두근'이고, "애미야, 나 왔다"라고 하면 '심쿵'이라고 말합니다.

결혼하는 것은 쉬울지 몰라도 잘 사는 것은 쉽지 않습니다. 연애는 사랑만으로 족할 수 있지만 결혼은 생활입니다. 연애는 1대1 관계지만 결혼 생활은 1대 다수의 관계입니다. 배우자 말고도 자녀, 부모, 형제, 심지어 옆집 아줌마, 아저씨까지 신경을 써야 합니다. 연애할 때는 나만 바라보던 배우자도 이제 나만 바라볼 수 없게 됩니다. 결혼 전에는 보이지 않았던 배우자의 단점도 많이 보게 되고, 상처를 받기도 하고 주기도 합니다. 그런 것들이 누적되어 황혼이혼에 이르거나 졸혼(卒婚)을 선택하는 부부가 늘고 있습니다.

🌀 황혼이혼 대신 졸혼

졸혼은 학교를 졸업하듯이 '혼인 관계를 졸업한다'는 의미로, 2004년 일본의 작가 스기야마 유미코가 『졸혼을 권함』이라는 책을 내면서 등장한 말입니다. 졸혼은 부부가 갈라서지 않고 법적인 부부관계는 그대로 유지한 채 독립적으로 살아가는 형태입니다. 부부가 서로의 생활이나 취미 등에 대해 간섭하지 않고, 자유롭게 살아가는 것이죠. 졸혼은 이혼과 다르게 배우자와 유대감이 유지되고, 부부가 같은 집에 살면서도 할 수 있는 일이기 때문에 황혼이혼 대신 졸혼을 선택하는 사람들도 늘고 있습니다.

유명한 탤런트 중 한 분은 2016년 TV 프로그램에 출연해 "36세에 결혼해 40여 년의 결혼 생활을 이어오다 졸혼을 했다"라고 밝히며 "그렇다고 따라하지는 말라"라고 했습니다. 유명한 영화배우였던 분은 죽기 전에 한 방송에 나와 "아내와 1978년부터 40년간 졸혼 생활을 해 왔다"라고 밝혔습니다. 졸혼을 하면 배우자에 대한 의무감으로부터 해방되어 자유롭게 살 수 있고, 건강이 나빠지면 배우자의 간병을 받을 수 있으며, 배우자와 거리를 둠으로써 배우자에 대한 연민이 싹터 배우자와의 사이가 다시 좋아질 수도 있습니다.

황혼이혼이라는 극단적인 선택을 회피하는 대안으로써 졸혼을 말하는 사람들이 늘고 있습니다. 보건사회연구원의 조사에 따르면 50~60대 10명 중 4명 이상이 "상황에 따라 졸혼을 할 수도 있다"라고 답했습니다. 그렇게 응답한 비율은 남성보다는 여성, 저소득층이나 농촌 지역 거주자보다는 대도시 거주자의 경우가 높았습니다. 아무래도 남성들보다는 여성들의 부부 생활의 피로도가 높고, 부부가 각자 단독 생활을 하기 위해서는 경제적인 여유가 필요하기 때문에 그런 결과가 나온 것 같습니다.

③ 졸혼도 결국은 별거

부부는 원래 남남이었습니다. 남남이 만나서 부부가 된다는 것은 서로의 다름을 인정하고 존중하는 것입니다. 탈무드에서는 "무슨 일이든 부부가 서로에 대한 동정심과 인내심을 가지고 대하면 대부분 해결이 된다"라고 했습니다. 그런데 부부 생활이 길어질수록 동정심은 옅어지고, 인내심은 줄어들어 황혼이혼이나 졸혼을 생각하는 사람들이 늘어나고 있습니다. 그런데 졸혼도 따지고 보면 부부가 별거를 선택하는 것입니다. 결혼할 때 '검은 머리 파뿌리 될 때까지 함께하겠다'고 했던 다짐은 이제 버려야 할까요?

08
자녀에게 기대는 것은 가능할까?

　이 세상에서 가장 큰 사랑은 부모가 자식에 대해 행하는 사랑입니다. 아무리 절친한 친구 간의 사랑도, 아무리 우애 깊은 형제간의 사랑도, 아무리 맹렬한 남녀 간의 사랑도, 아무리 신실한 신(神)에 대한 사랑도 자식에 대한 부모의 사랑을 넘어서지는 못합니다. 심지어 그 사랑은 애끓는 부부간의 사랑도 뛰어넘습니다. 부부는 헤어지면 남남이지만 자식은 영원히 내 자식이기 때문입니다.

정(情)과 효(孝)

　우리나라에서 사랑보다 더 포괄적인 말은 '정(情)'입니다. 정은 우리나라 사람들의 다양하고 복잡한 감정의 총합입니다. 그 속에는 사랑, 그리움, 용서, 관용, 희생, 배려 같은 말은 물론 심지어 미워하면서도 불쌍히 여기는 마음까지 다 담겨 있습니다. 그중에 자식을 향한 정을 모정(母情)이나 부정(父情)이라고 합니다. 부모가 되었다는 이유로 자식에게 조건 없이, 무한하게 쏟는 사랑이 그것입니다.

모정이나 부정은 자식들을 그리워하고 애달파하는 어미, 아비의 마음입니다. 그럼 자식들이 부모에 대한 정은 무엇일까요? 모정이나 부정과 대비해 '자정(子情)'이라고 해야 할까요? 사전을 찾아보니 인자한 어머니의 정(情) 또는 부모의 정을 뜻하는 자정(慈情)이라는 말은 있어도 자정(子情)이라는 말은 없습니다. 부모는 자식에게 정을 가질 수 있어도 자식은 그렇지 못한 모양입니다. 내리사랑은 있어도 치사랑은 없다는 것이죠.

대신, 자식에게는 '효(孝)'가 있습니다. 효는 부모를 잘 섬기는 것으로, 나라에 대한 충(忠)과 더불어 우리나라를 대표하는 정신이 되어 왔습니다. 하버드대 와그너 교수는 "한국의 가족제도야말로 21세기를 살릴 수 있는 유일한 대안"이라고 했고, 역사학자 토인비는 "죽을 때 하나 가져가고 싶은 게 무엇이냐고 묻는다면 서슴지 않고 한국의 가족제도를 가져가고 싶다"라고 했는데, 이 모두 효에 관한 부러움을 표현한 말입니다.

변화하는 효의 개념

그런데 시대가 바뀌면서 효에 관한 개념이 퇴색되고 있습니다. 100여 년 전만 해도 병이 깊은 부모를 위해 손가락을 잘라 피를 마시게 한 자식이나 위중한 아버지를 위해 자신의 허벅지 살을 베어 낸 백범 김구 선생 같은 분들이 적지 않았습니다. 하지만 요즘은 어버이날이나 명절 때 부모님을 찾아뵙기보다는 해외여행을 떠나는 자식이 더 늘어나는 것 같습니다. 이를 바라보는 7080세대의 마음은 어떨까요?

이제 어버이날은 꽃이라도 달아 주는 어린애들이 있는 집에서나 의미가 있는 날이 되었고, 여자 친구에게 초콜릿을 선물하는 발렌타인데이이보다 덜 중요한 날이 되었습니다. 많은 부모들이 "애들 어려서나 카네이션을 받아 봤지, 이제 자식들도 먹고살기 바빠서 얼굴 한번 보는 것도 어렵다"라고 말합니다. 그리고 "내 배 아파 낳은 아들, 딸보다 말 못 하는 강아지, 늘 곁에 있어 주는 이웃이나 친구들이 더 좋다"라고 합니다.

어버이날은 주민세, 전기세, 아파트 관리비처럼 1년에 한 번 돈을 송금하는 날이 되었을까요? 부모 통장으로 용돈만 보내 주지만, 몇 년 동안 얼굴 한 번 보이지 않는 자식들도 늘어 갑니다. 부모가 바라는 것은 선물이나 용돈이 아니라 얼굴 한번 보며 말 한마디 나누는 것인데, 그게 그렇게 어려운 일이 되어 갑니다. 부모들은 찾아오지 않는 자식들이 서운하지만, "내일 또 출근하려면 쉬어야 할 텐데…"라며 자식들을 먼저 걱정합니다.

◉ 부모 자식 간에도 법이 필요?

중국에서는 2013년에 '노인권익보장법'이 제정되면서 '늙은 부모를 자주 찾아뵙지 않으면 위법'이 되었습니다. 이에 따라 77세 할머니가 딸과 사위를 상대로 낸 소송에서, 법원은 '딸과 사위는 두 달에 한 번씩 의무적으로 할머니를 방문하고, 국경일에도 두 차례 이상 찾아뵙지 않으면 벌금을 부과하거나 구류처분을 내리겠다'고 판시했습니다. 이제 효도는 법에서 강제하지 않으면 실현될 수 없는 일이 된 것일까요?

민법 제974조에서는 "직계혈족 및 그 배우자 간에는 서로 부양할 의무가 있다"라고 규정하고 있습니다. 부모는 자식을 양육할 의무가 있고, 자식은 부모를 부양할 의무가 있다는 것이죠. 전통적인 의미에서 자식을 낳고 기르는 것은 노후에 자식이 효도로써 부모를 부양하리라는 기대감 때문이었습니다. 자식은 노후대책 수단이었던 것이죠. 그런데 요즘은 그런 의미가 퇴색되고 있고, 오히려 자식이 노후의 짐이 되는 경우가 늘고 있습니다.

보건복지부의 '노인학대 현황 보고서'에 따르면, 2020년에 접수된 노인학대 신고 건수는 1만 6,973건이나 되고 그 수치는 매년 증가하고 있습니다. 학대유형은 정서적 학대, 신체적 학대, 방임, 경제적 학대 순으로 많았고, 가정에서 발생한 것이 대부분(88%)이며, 아들에 의한 학대(34.2%)가 가장 많았습니다. 여기다 차마 신고하지 않은 것들을 감안하면 그 수는 더욱 많을 것입니다. 자식에게 재산을 물려준 뒤 버림받고 소송에 이르는 경우도 적지 않습니다. 우리나라도 불효자 방지법이나 처벌법을 따로 제정해야 할까요?

믿을 수 없는 자녀

부모 자식 간에도 천륜보다 법이 우선인 세상이 되었습니다. 세상이 점점 더 무서워지다 보니, 노후에 자식들과 함께 살겠다고 생각하는 사람들이 없어지고 있습니다. 서울시에서 노인들을 대상으로 희망하는 동거 형태를 물었을 때 "10명 중 1명만 자식과 살겠다"라고 답했던 것이

10년 전 일입니다. 지금 조사하면 그 수치는 더욱 낮게 나올 것입니다. 자식도 믿을 수 없고, 늙어서 학대나 당하지 않으면 다행인 노후, 어떻게 살아야 할까요?

09
자녀들도 먹고 살기 힘들어

"한 부모는 열 자식을 거느려도, 열 자식은 한 부모도 건사하기 힘들다"라는 말이 있습니다. 이 말이 거짓이 아니라는 것은 쉽게 알 수 있습니다. 어려운 살림살이에 대학 등록금을 대고, 노후 밑천까지 다 팔아 시집, 장가보냈더니, 제가 잘나서 성공하고 출세한 줄 알고 전화 한 통 하지 않는 자식들도 심심찮게 보이기 때문입니다. 그동안의 은공은 온데간데없이 사라지고 자식들에게 거추장스러운 부모가 되어 버린 것이죠.

옛날에는 나이든 부모를 자식들이 봉양하는 것이 일반적이었습니다. 그러나 시대가 변하면서 노년의 부모를 자녀가 돌보아야 한다는 의식은 점점 더 약해지고 있습니다. 통계청의 "한국의 사회동향"에 따르면, 나이든 부모를 모셔야 할 책임이 '가족에게 있다'고 응답한 사람들의 비율은 2000년 약 71%에서 2018년에는 약 27%로 무려 44%나 줄었습니다. 부모의 부양을 효(孝)에만 기대기 힘들어지고 있습니다.

변화된 가족제도

부모 부양 의식이 약화되는 원인 중 하나는 가족제도의 변화에 있습니다. 전통적인 대가족 시대에는 나이든 부모를 다수의 자식들이 봉양했습니다. 그러나 산업화와 함께 부모와 1~2명의 자녀로 구성된 핵가족 시대가 되었고 자식들의 부담이 커졌습니다. 요즘 들어서는 핵가족마저 파편화되어 1~2인 가족이 급증하고 있습니다. 2021년 현재 우리나라 10가구 중 6가구는 1~2인 가구입니다. 혼자 벌어먹고 살기도 벅찬 상황입니다.

정부 통계가 보여 주는 우리나라의 청년실업률은 5% 정도입니다. 코로나 때문에 일자리가 더욱 줄어들면서 백수로 지내는 청년들이 많습니다. 국내 최고 대학인 서울대 일부 학과는 졸업자 10명 중 7명이 취업을 못 하는 실정입니다. 생계를 위해 알바를 하면서 공무원, 공공기관, 사기업 시험 준비를 계속하고 있는 청년들은 공식적인 실업률 통계에 잡히지 않습니다. 이들을 포함하면 청년실업률이 20%가 넘습니다.

취업 준비생들은 '취업이 언제나 될 것인지', '평생 알바만 하며 살게 되는 것은 아닌지' 걱정이 많습니다. 정부에서 저소득, 미취업 청년들을 위해 닭 모이 주듯이 매달 50만 원씩 6개월 동안 지원하는 '국민취업지원제도' 같은 여러 지원제도를 운영하고 있지만, 알바 등을 통한 월 소득이 일정액을 넘으면 지원을 받을 수 없는 등 허점이 많고, 청년실업 해소를 위한 근본적인 대책이 되기에는 조족지혈인 실정입니다.

넉넉지 못한 소득

설령 청년들이 취업을 하더라도 월급이 적습니다. 통계청의 '2021년 5월 경제활동인구조사'에 따르면 첫 월급이 200만 원도 안 되는 경우가 73.3%나 됩니다. 그냥 최저임금 수준인 셈입니다. 거기다 취업포털 '사람인'에서 조사한 자료에 따르면 구직자 1인당 빚은 3,287만 원이나 됩니다. 생활비, 전월세 자금, 대학등록금, 취업준비 비용 등으로 인해 생긴 빚입니다. 쥐꼬리만 한 월급을 받아서 언제 다 갚을 수 있을까요?

우리나라에서는 초딩도 먹고살기 힘들다고 합니다. 초등학교에 입학하면 '이제 학교에 들어갔으니 공부 열심히 해야지' 하는 엄마의 잔소리가 시작됩니다. 2학년이 되면 '이제 후배가 생겼으니까', 3학년 때는 '1년만 있으면 고학년이 되니까', 4학년 때는 '이제 고학년이 되었으니까', 5학년 때는 '1년만 있으면 6학년이 되니까', 6학년 때는 '곧 중학생이 되니까' 공부 열심히 하라는 잔소리가 이어집니다.

그렇게 잔소리를 들으며 20년 넘게 한 공부의 결과가 취업 준비생에 알바생이라니 통탄할 일입니다. 운 좋게 대기업에 취업을 하고 개 목걸이 같은 사원증 목걸이 하나 받아 봐야 생활은 늘 빠듯합니다. 한국경영자총협회의 자료에 따르면, 2020년에 300인 이상 사업체에 입사한 대졸자 초임 평균은 초과급여를 포함해 5,048만 원입니다. 한 푼도 안 쓰고 20년을 저축해도 서울시 아파트 한 채를 살까 말까 합니다. 부모 부양까지 생각하기 힘듭니다.

부모 부양 의식의 변화

이렇게 경제적인 어려움 때문에 점점 더 부모를 모시기 어렵다고 할 수 있지만 그것이 전부는 아닙니다. 부모 부양에 대한 자식들의 의식도 많이 변했습니다. 한 시장조사 전문업체에서 전국 만 19세에서 59세 사이의 성인남녀 1,000명을 대상으로 한 조사 결과에 따르면, 경제적으로 부양할 능력이나 형편이 되는데도 부모를 모시지 않는 것은 불효라고 생각하는 사람의 비율은 열 명 중 두 명(20.3%)에 불과했습니다.

이와 함께 효(孝)의 개념도 변했습니다. 2018년 대전에 위치한 한국효문화진흥원에서 대학생 500명을 대상으로 '효의 의미'를 묻는 조사 결과에 따르면, 10명 중 9명은 '지속적으로 교류하는 것(50.5%)', '걱정을 끼치지 않는 것(38.4%)'과 같은 가벼운 것들을 효라고 답했고, '부모의 노후를 책임지는 것(5.7%)', '부모가 원하는 대로 따르는 것(1.3%)'처럼 좀 무겁게 생각되는 것들을 효라고 생각하는 학생은 약 7% 정도밖에 되지 않았습니다.

물론, 요즘 젊은이들 중에는 늙고 병든 부모나 조부모를 홀로 부양하는 '영 케어러(Young carer)'들도 있습니다. 부모의 이혼, 가출, 사망 등으로 어려서부터 자신을 키워 준 할머니, 할아버지가 늙고 병들게 되자 학업이나 결혼도 포기하고 편의점 알바 등을 통해 번 돈으로 그 할머니, 할아버지를 부양하고 있는 젊은이들 말입니다. 한창 희망에 들떠도 좋을 나이에 2인분, 3인분의 삶을 살고 있는 그들을 생각하면 마음이 너무 아픕니다. 그러나 사회 전체적으로는 자식이 부모의 노후를 책임지는 시대가 저물어 갑니다.

스스로 준비해야 할 노후

현재 50~60대는 '낀 세대'나 '샌드위치 세대'입니다. 나이가 들어서도 더 나이 든 부모를 모시는 '노노(老老)부양'에, 자녀는 물론 손주까지 돌보면서 자신의 노후도 준비해야 하는 '4중고(苦)'를 겪고 있습니다. 그러나 그들의 자녀 격인 젊은이들의 부모 부양에 대한 관심은 점점 줄어들고 있습니다. 이미 몇 년 전 잡코리아가 실시한 조사에서, 20~30대 직장인 10명 중 3명(33%)이 '부모를 경제적으로 지원할 계획이 없다'고 했습니다. 갈수록 그 숫자는 더 늘어날 것입니다. 자식은 낳고 키운 것으로 만족해야 하고, 더 많은 것을 기대하면 안 됩니다. 자신의 노후는 스스로 준비해야 한다는 것을 잊지 마십시오.

10
노후는 Self 부양

당신은 생각보다 오래 살 수 있습니다. 그런데 '빛이 밝을수록 어둠도 짙은 법'입니다. '오래 살면 그만큼 더 많은 돈이 필요'합니다. 생활비는 기본이고 의료비나 기타 비용도 무시할 수 없습니다. 잘못하면 오래 산다는 것이 가난으로 가는 지름길이 될 수도 있습니다. 장수 리스크는 단순하게 오래 살 위험이 아니라 자신이 가진 돈보다 오래 살 위험을 말합니다. 생각보다 오래 살 수 있는 위험에 대해 생각하게 만드는 좋은 사례가 있습니다.

최고령 할머니와 변호사

한때, 세계에서 가장 오래 산 사람으로 기네스북에 기록되기도 했던 프랑스의 잔 루이스 칼망이라는 할머니는 90세가 되던 해에 47세 된 동네 변호사를 만나, "내가 살아 있을 때 매달 50만 원씩만 주면, 내가 죽고 난 후 1억 정도 하는 내 집을 가져가도 좋다"라는 제안을 했습니다. 그 변호사는 "할머니가 90살인데 살면 얼마나 살겠어… 10년을 더 살아

100세까지 산다고 하더라도 50만 원씩 10년 6천만 원을 주고, 1억이 넘는 집을 받으면 내가 이득이지"라고 생각하고 계약을 맺었습니다. 변호사는 자신의 예상대로 할머니 집을 받을 수 있었을까요?

변호사는 30년 뒤에 77세로 사망했고, 할머니는 32년 6개월 뒤에 122세가 넘어 사망했습니다. 변호사는 할머니에게 받을 수 있는 집값보다 훨씬 더 많은 돈을 주고도 할머니 집을 받을 수 없었습니다. 이 이야기는 90세인 할머니와 47세인 중년 남성이 같은 지점에서 멀리 달리기 시합을 했는데, 예상을 뒤엎고 할머니가 더 멀리 달렸다는 것과 같습니다. 앞으로는 이 할머니 같은 사람들은 더 많아질 것입니다.

변호사 입장에서 보면, 90세 된 할머니가 47세 된 자신보다 더 오래 살 수 있는 가능성을 예측하지 못했습니다. 돈을 적게 들이고도 큰 수익을 올릴 수 있다고만 생각했습니다. 'Low Risk, High Return', 즉, 할머니는 틀림없이 일찍 돌아가실 것이고, 할머니 집은 내 것이라는 고수익만 생각했지, 위험관리에 실패한 것이죠. 반면, 할머니는 집을 걸고 생활비 리스크를 줄였습니다. 오늘날로 보면, 주택연금 같은 형태였다고 할까요?

어느 것도 믿을 수 없는 노후

이처럼 기대수명에는 함정이 있고, 당신은 생각보다 오래 살 수 있습니다. 여기서 중요한 단어는 '오래'가 아니라 '생각보다'입니다. 남자인 경우, 기대수명인 80세 정도까지 살 것으로 생각하고 노후자금을 준비했는데, 90세, 100세 이상 살게 되면 낭패가 아닐 수 없습니다. 노후에도 죽는 날까지 돈이 나올 마법의 구멍을 만들어야 하는데, 그 구멍은 누가 만들어야 할까요?

노후에 돈이 나올 첫 번째 구멍은 국민연금입니다. 국민연금 가입자는 2,200만 명이 넘지만, 연금 수령 나이가 되어 실제로 연금을 수령하고 있는 사람은 2022년 5월 기준으로 600만 명 정도이고, 월평균 수령액은 약 58만 원 정도입니다. 더구나 40만 미만 수령자가 약 60%, 100만 이상 수령자는 8.4% 정도에 불과한 실정입니다. 공무원, 군인, 사학연금 수령자들의 평균 수령액이 200만 원이 넘는 것을 고려하면 너무나 한심한 금액이 아닐 수 없습니다. 돈 나올 구멍이 너무 작은 것이죠.

다음으로 생각할 수 있는 것이 퇴직연금입니다. 퇴직연금은 근로자들에게 안정적으로 퇴직급여를 제공하기 위해서 만들어진 것입니다. 그런데 현재 적립금이 200조 이상 쌓여 있지만 원리금보장형의 비중이 높아 수익률은 1%대에 불과합니다. 물가상승률을 감안하면 사실상 마이너스나 다름이 없습니다. 게다가 연금으로 수령하는 사람들은 계좌 수를 기준으로 2.1%에 불과합니다. 98%가 일시금으로 수령해 연금의 기능을 못 하고 있는 실정입니다. 돈이 나올 구멍도 작은데, 그 구멍을 막아 버린 사람들이 너무 많다는 것이죠.

배우자는 어떨까요? 통계청이 발표한 '혼인·이혼 통계'에 따르면 2018년 이혼은 10만 8,700건으로 전년보다 2.5%가 증가했습니다. 그

중에 혼인 지속기간이 20년 이상인 황혼이혼은 전체 이혼 중 33.4%, 30년 이상인 이혼도 12.5%를 차지했습니다. 대부분 배우자와 함께 검은 머리 파뿌리 되도록 행복하게 살기를 바라지만, 그렇게 되지 못할 가능성이 높아지고 있습니다. 나이 들면 배우자 자신 혼자만 살기도 어려운 것 같습니다.

자식들은 어떤가요? 자식들이 노후에 나를 얼마나 돌보아 줄 것인가 하는 의문이 생기면, 현재 내가 부모님께 어떻게 하고 있는가를 돌아보면 금방 알 수 있습니다. 부모님께 한 달에 100만 원씩 드리기 쉬운가요? 자식들도 마찬가지입니다. 부모를 생각하는 마음이 부족해서라기보다는, 제가 먹고살기도 힘들어서 부모를 봉양하기 힘든 것이죠. 또, '사랑은 아래로만 흐르는 법'이어서 자식들도 제 자식 돌보기 바빠 부모를 보살피기 힘들겠죠.

ⓒ 노후는 자신의 힘으로 준비

이처럼 노후에 돈이 나올 구멍 몇 가지만 살펴봐도 노후의 삶이 쉽지 않겠다는 생각이 드시죠? 우리 국민 누구나 가입하는 국민연금은 실질적인 도움이 안 되고, 직장인이면 누구나 가입하는 퇴직연금도 마찬가지입니다. 직장이 없거나 열악한 근로 조건 속에서 일하는 여성들은 더욱 퇴직연금을 기대하기 힘듭니다. 요즘 상황을 보니, 배우자도 의심스럽고, 자식들은 더욱 믿을 수 없다면 어떻게 해야 할까요? 효(孝)의 미래는 'Self 부양'이라고 합니다. 내가 나 자신을 부양해야 한다는 것이죠.

나 자신의 노후를 위한 이기적인 시스템, 다시 말해, 노후에 돈이 나올 구멍은 결국 내가 만들 수밖에 없습니다.

CHAPTER 4

그 준비는 지금 당장 시작되어야 합니다

01
직장인의 로망과 현실

직장에 다니는 사람들 중 많은 사람들의 로망은 '조기 퇴직'입니다. 일은 재미가 없고, 주말만 기다리는 일상, 매일 쳇바퀴를 굴리는 듯한 삶으로부터 벗어나고 싶어 합니다. 출근은 그 자체가 공포입니다. 아침에 집을 나서면 혼잡한 지하철 안에서 1시간 또는 그 이상을 버텨야 합니다. 까닥 잘못해서 내려야 할 역을 지나치면 거의 멘붕 상태가 됩니다. 어찌어찌하여 직장에 들어선다고 해도 이미 기운은 다 빠지고 일할 맛도 나지 않습니다.

누구나 힘겨운 직장 생활

출근을 하고 본격적인 일과가 시작되면, 일은 넘치고 시간은 늘 부족해 보입니다. 과거에 취업포탈 잡코리아에서 조사한 자료에 따르면 사무실에서 느끼는 직장인의 비애 첫 번째는 '상사가 기분 나쁘다고 괜히 트집을 잡을 때(51.3%)'였습니다. 아무리 상사가 무능해도 상사를 이길 수 없습니다. '똑게(똑똑하고 게으른)' 상사도 더러 있지만, '멍부(멍청하고 부지런한)'에 성격까지 더러운 상사는 직장 생활 최대의 적입니다.

퇴근 시간 10분 전에 일을 던져 주고 내일 아침에 보자고 할 때, 밤새 만든 보고서를 다시 쓰라고 할 때, 선약이 있는데 회식 참석하라고 할 때, 몸이 아파 병원에 가야 하는데 눈치가 보일 때, 하루 종일 일도 못 하고 회의에 불려 다닐 때, 동료나 타 부서와 마찰이 생길 때, 미운 상사나 선배들 비위를 맞춰야 할 때, 이유 없이 후배 때문에 욕먹을 때 등 배알이 꼬이는 수많은 순간과 마주해야 하는 것이 직장 생활입니다.

직장에서 스트레스가 쌓여, 혼자 술이라도 한잔하고 집에 가면, "당신만 직장 생활하는 것 아니다"라며 또 하나의 스트레스를 얹어 주는 사람이 있습니다. 주말에도 하루는 나가서 일을 해야 다음 주가 편할 것 같아 출근하려고 하면, "주말인데 애들과 놀아 주고 집안일도 좀 하면 안 되냐? 애들은 나 혼자 키우냐"라며 핀잔을 늘어놓습니다. 직장 생활도 힘들고, 집에 와도 마음이 불편하니, "아! 내가 살 곳은 직장과 집 사이 그 어디 뿐인가?"라는 생각이 듭니다.

직장 생활을 대변하는 신조어

결코 녹록지 않은 직장 생활의 비애를 담은 신조어들이 많습니다. 그중에 첫 번째는 '직장살이'입니다. 고달픈 직장 생활을 며느리의 시집살이에 빗대어 표현한 말이죠. '쉼포족'이라는 것도 있습니다. 휴식을 포기할 정도로 바쁘게 움직여야 한다는 것입니다. 그리고 항상 시간에 쫓기듯이 내몰리는 삶을 의미하는 '타임푸어'도 있고, 일하기 싫은 직장인들의 마음을 담은 '싫어증'이라는 말도 있습니다.

점심이라도 편하게 먹어야 하는데 그렇지 못하는 경우가 많습니다. '혼밥족'은 혼자 밥을 먹는 사람들, '편도족'은 비용을 줄이거나 시간을 절약하기 위해 편의점 도시락으로 점심을 해결하는 직장인들을 말합니다. 이렇게 아끼면 돈이라도 많이 모여야 하는데 월급은 항상 제 갈 길을 갑니다. 그래서 월급이 통장에 들어오자마자 카드값 등으로 빠져나가는 상황을 의미하는 '월급 로그아웃'이라는 말이 유행하기도 했습니다.

직장 생활의 비애를 표현한 신조어의 백미는 '사축'이라는 말입니다. '사축'은 회사에서 가축처럼 일한다는 말입니다. 직장에서 가축 취급을 받는 게 싫어 '고진감래'를 실천하는 젊은이들이 늘고 있습니다. 고진감래는 '고용해 주셔서 진짜 감사한데 집에 갈래'라는 뜻입니다. 요즘 'MZ세대'로 불리는 많은 2030 직장인들이 조기 퇴사나 이직 러시에 합류하고 있습니다. 이들을 잡을 수 없는 중소기업들의 어려움이 가중되고 있습니다.

◉ 퇴직하면 고생 끝 행복 시작?

'사축'으로 사는 직장 생활이 싫어 직장을 그만두면 밝은 미래가 기다릴까요? 아직 젊고 능력이 있다면 재취업이 가능합니다. 그러나 나이를 먹고, 자신이 생각하는 능력에 비해 이전하고 싶어 하는 직장에서 요구하는 능력이 다르다면 그렇지 않습니다. 빅데이터, 인공지능, 블록체인 등으로 대변되는 4차 산업혁명를 맞아 산업구조 재편이 잇따르면서, 아무리 재취업할 수 있는 조건을 잘 만들어 놓아도 재취업은 쉽지 않습니다.

자영업을 시작하면 어떨까요? 직장을 다닐 때는 4대 보험도 절반은 회사에서 내 주고, 퇴직금도 쌓이고, 교육비 등 복리후생이 적지 않지만 자영업자가 되면 100% 본인이 부담해야 합니다. 거기다 사업상 지출되는 비용, 불황에 대비해 준비해야 할 비상자금 등을 고려하면, 같은 1억을 벌어도 직장인에 비해 자영업자의 실제 소득은 60% 정도밖에 되지 않습니다. 거기다 우리나라 자영업자의 3년 생존율은 30%대에 불과합니다.

퇴직을 하면 매달 들어오던 월급이 사라지고, 교육비, 생활비, 각종 대출 상환금 등으로 생활고가 시작됩니다. 준비를 제대로 못 한 상태에서 퇴직 후 몸이라도 아프면 할 수 있는 것은 집의 크기를 줄이는 것밖에 없습니다. 전국 2만 가구를 대상으로 조사한 결과, '만 51세에 퇴직한 가장의 경우 64세가 되니 빚이 3억'이라는 2015년 가계금융복지조사 결과는 시사하는 바가 큽니다. 함부로 퇴직을 해서는 안 될 일입니다.

02
퇴직 후에는
준비할 수 없는 노후준비

대기업에서 임원이 되지 못한 직장인은 뒤통수가 따갑습니다. 임원은 커녕 파트장도 되지 못하거나, 파트장을 하다가 후배에게 물려주고 팀원으로 돌아가는 경우, 후배들에게 눈치가 보입니다. 생계 걱정에 명예퇴직을 안 하고 버티면 보이지 않는 따돌림을 받기 쉽습니다. 일은 적게 하면서 연봉만 많이 받는다는 불평을 들을 수도 있습니다. 속된 말로 '아니꼽고 더러워서' 생각에 회사를 그만두면 그 후에는 노후준비를 잘할 수 있을까요?

⏰ 빨라지는 퇴직 시점

현재 우리나라 법정 정년은 60세지만 대부분의 직장인들이 52세 정도면 직장에서 밀려납니다. 2023년 올해는 만 52세가 된 1970년생들이 직장을 나설 차례인데, 1969년생부터는 65세부터 국민연금을 수령할 수 있습니다. 국민연금이라도 받으려면 무려 13년을 기다려야 합니다. 국민연금 보험료는 60세까지 8년 더 내야 합니다. 그렇다고 퇴직 전에 노후준비를 잘한 것도 아닙니다. 베이비붐 세대 중 노후자금을 충분히 준비했다고 대답한 사람은 8.2%에 불과하다는 조사 결과도 있습니다.

1970년생 남자들이 27살이 되던 1997년에 취업을 해서 2023년까지 근무했다면 27년을 근무한 셈입니다. 국민연금 가입 기간 중 월평균 소득(B값)이 최고 등급에 해당한다면 65세부터 적어도 100만 원 이상의 연금을 받을 수 있습니다. 충분하지는 않지만, 노후에 필요한 돈의 상당 부분을 충당할 수 있는 정도입니다. 하지만 점점 더 취업은 늦어지고, 퇴직은 빨라져 노후를 준비할 수 있는 시간이 줄어들고 있습니다.

인크루트에 따르면 1998년 25.1세였던 대졸 신입사원 평균 나이는 2020년 31세가 되었습니다. 20여 년 만에 무려 6살이 많아진 것입니다. 반면, 2020년 잡코리아 조사 결과 우리나라 직장인들의 체감 정년은 49.7세였습니다. 4년 전의 같은 조사 결과인 50.9세보다 1.2세 앞당겨졌고, 법정 정년인 60세보다 10년 이상 이른 나이입니다. 약 19년 일하고 퇴직을 하는 셈인데 이렇게 되면 완전노령연금 수급조건인 20년을 채우기도 힘듭니다.

넓어지는 은퇴 크레바스

퇴직이 빨라질수록 65세까지 '은퇴 크레바스' 기간은 더 늘어납니다. 크레바스(crevasse)는 빙하나 눈 골짜기에 형성된 깊은 균열을 말하고,

이에 빗대어 은퇴 크레바스는 퇴직 후 국민연금을 받을 때까지 소득이 없는 기간을 말합니다. 55세에 퇴직을 한다면 은퇴 크레바스 기간은 10년이 되고, 50세에 퇴직을 한다면 15년이 됩니다. 적은 복지혜택이라도 받을 수 있는 노인도 아니고 어정쩡한 시간을 10~15년씩 보내야 하는 것입니다.

직장에서의 퇴직은 있어도 삶에서의 퇴직은 없는 법입니다. 퇴직 후에도 삶은 계속되고 돈은 계속 필요합니다. 통계청의 2019년 가계금융복지조사에 따르면 퇴직을 앞둔 40~50대가 걱정하는 것은 경제적 어려움(31.1%), 건강악화 및 장애(17.1%), 무료함(16.5%) 순이었습니다. 52세 정도에 퇴직하면 자녀가 한창 대학을 다닐 때이고, 몇 년 후면 자녀가 결혼할 시기가 됩니다. 경제적 고통이 가중될 수밖에 없습니다.

52세 정도면 돈이 가장 많이 필요할 때 퇴직을 하는 셈이니 또 다른 일을 하지 않으면 안 됩니다. 잡코리아 조사에서 대다수(86.4%)가 퇴직 후에도 일을 하고 싶어 했지만, 현실은 그렇게 간단치 않습니다. 젊어서는 '오라는 데는 없어도 갈 데는 많다'는 농담이 가능하지만, 50대 퇴직자에게는 오라는 곳도 갈 곳도 없기 쉽습니다. 재취업이 어려워, 그냥 먹고살기도 힘들어질 수 있습니다.

멀어지는 노후준비

2019년 미래에셋은퇴연구소의 조사에 따르면, 10년 이상 장기 근속한 50~60대 퇴직자 1,808명 중 재취업에 성공한 사람은 83.2%(1,504명)나 됐습니다. 50~60대 재취업의 두 가지 요건인 '눈높이 낮추기'와 '자격증 취득'을 통해 재취업의 문을 연 사람들이 많다는 것을 알 수 있습니다. 그러나 재취업 후 재직 기간은 평균 18.5개월에 불과했습니다. 채 2년도 안 되어 재취업한 직장을 나와 또 다른 직장을 구해야 한다는 것입니다.

재취업하면 월급은 어떨까요? 앞의 조사에서 재취업자 대부분은 임시직이나 일용직(34.9%), 단순 노무직(33.2%) 일자리를 얻었습니다. 이에 따라 퇴직 전 평균 426만 원을 받았던 사람들이 1차 재취업 때는 평균 269만 원, 2차 재취업 때는 평균 244만 원, 3차 재취업 때는 평균 230만 원의 소득을 얻은 것으로 조사됐습니다. 일자리를 구해 봐야 단기적이고, 월급은 최저임금에 가까운 일자리밖에 못 구한다는 것이죠.

퇴직을 하고 나면, 아무리 학벌과 스펙이 좋아도 '나이'를 이기지 못합니다. 나이가 들어 일자리를 얻기 힘들고, 소득도 줄어듭니다. 일을 하려면 건강이 뒷받침되어야 하는데, 50대만 되어도 여기저기 아픈 곳이 생기기 마련입니다. 신체적인 기능이 떨어집니다. 심리적으로도 감정적인 기복이 심해지고, 자신감은 떨어지고, 마음의 부담은 커집니다. 퇴직 전에도 제대로 못 한 노후준비가 퇴직 후에 잘 될 수가 없습니다.

03
회사 함부로 나서지 마라

오래전 이런 글을 썼습니다!

"창밖에 안개가 가득 찬 아침, 누구보다 먼저 사무실에 나와 노트북을 켭니다. 잠시 집에 다니러 간 주인을 밤새 기다렸는지, 책상 한편에 반가운 미소가 달려 있습니다. 오늘은 왠지 내 책상에 무슨 '간판'이라도 하나 달고 싶어집니다.

모니터 한쪽에 '미칠 듯 일하고, 깊이 생각하고, 많이 기록하되, 적게 말하고, 신중하게 행동하자'라고 라벨지에 적어 붙여 놓았는데, 원래가 작심삼일인지라, 이참에 그것을 떼어 내고, 간판을 하나 만들어 달아 놓으면 어떨까 하는 생각이 듭니다.

내 영문 이름 앞자리를 따고, '씨(C)'를 붙여 'BYC 연구소'라고 할까? 그래도 무엇을 연구하는 곳인지는 알려 줘야 하니까 '직장 생활 일탈 연구소'라고 하면 어떨까? 아니면 '삶을 사랑하는 사람들을 위한 초대소'라고 하면, 누가 찾아오기나 할까? 그도 아니면 '○○ 회사 ○○○(내 이름) 분사'라고 할까? 아니면, 회사에서 주로 하는 일이, 분석하고 아이디어를 내어 보고서를 쓰는 일이니 '벤처기업 크로키'라고 하면 어떨까? 등등, 온갖 쓰잘데기 없는 생각이 듭니다.

간판은 어디에 달아야 하나? 모니터 위? 파티션 위는 어떤가? 다른 사람도 같이 쓰니 안 되겠고, 삼각대처럼 만들어 입구에서 잘 보이는 책상 한쪽에 세워 둘까 싶기도 합니다. 친구 한의원 간판을 보니, 무슨 당 국회의원 사무소 간판처럼 크게도 만들었던데, 요즘은 간판도 크게 다는 게 유행인 모양인데, 나는 남들 다 같이 쓰는 사무실 한 자리에 책상 하나밖에 없으니, 그렇게 해서는 안 될 것 같습니다.

10년도 넘게 다닌 회사인데, 지금쯤이면 적어도 어떤 분야에 전문가가 되어, 간판 하나쯤 달아도 될 듯싶은데, 누가 들으면 웃지나 않을까 걱정이 앞섭니다. 남들은 한 분야에서 10년쯤 일하면, '장인'이나 '명인' 소리는 못 들어도 적어도 '무슨 무슨 꾼' 정도는 되는 것 같아 보입니다. 하지만, 우리 회사 직원들 중에는 그런 사람이 별로 보이지 않습니다. 사무실에 앉아 직함만 그럴싸하지, 어쩌면 몸으로 일하는 일용직 노동자들보다 숙련도나 전문성이 떨어져 보이고, 나도 그중의 한 사람이 되어, 10년 후에도 지금과 똑같은 또 하루를 보낼 것만 같은 생각이 듭니다.

오늘 아침 자욱한 안개야 햇살이 더 달궈지면 곧 사라지고 말겠지만, 내 삶은 언제쯤에나 좀 더 투명해질 수 있을지, 언제쯤에나 이 울타리를 나설 자신감이 생길지 알 수 없습니다. '불광불급(不狂不及, 미치지 않으면 미칠 수 없다)'이라고 써서 붙였다가, 사소한 일로 열받은 날 떼 버린 라벨을 다시 붙여야 하겠습니다"라고 말이죠.

그 후 다시 많은 시간이 흘러 씁쓸하고 벅찬 마음으로 회사를 나왔습니다.

직급은 높아졌지만 전문성은 늘지 않았고, 나이는 먹었지만 의욕은 줄었으며, 회사 욕은 많이 했지만 애사심은 그대로였습니다. '중이 절을 떠나는 것은 절이 싫어서가 아니라, 다른 중이 싫어서 떠난다'라고 농담처럼 이야기도 많이 했는데, 3번의 사표를 쓴 끝에 결국 나왔습니다. 회사를 나오면 뭔가 가슴 뛰는 일, 잘될 것만 같은 일들이 기다릴 줄 알았지만, 없었습니다. '회사는 온실'이었습니다.

평생 곶감 빼먹 듯 빼먹을 만큼의 돈을 마련해 둔 것도 아니어서, 하루 종일 먹을 것을 찾아 헤매는 동물이나 곤충처럼 전국을 떠돌며 강의를 하러 다녔습니다. 명퇴금으로 받은 돈도 꽤 많았지만, 얼마 가지 못했습니다. 회사에 있을 때는 대학교에 다니는 딸 학비를 먼저 내고, 회사에 신청을 하면 곧바로 그 돈이 나와 아무런 어려움이 없었지만, 회사를 나오니 1년에 두 번 내는 딸아이 등록금을 만들기 위해서는 매달 100만 원씩 저축을 해야 했습니다. 등록금은 가까웠지만, 돈은 멀었습니다.

회사에 다닐 때는 연말정산 때 공제받을 것이 많았지만, 교육하는 강사가 된 후에는 신용카드 공제 외에는 받을 게 없었고, 종합소득세를 내기 위해서는 또 매달 저축을 해야 했습니다. 떠난 회사의 배려로, 일정 기간 동안은 강의를 많이 하고 강사료도 많이 받았지만, 그만큼 세금도 많아져서, 회사 다닐 때처럼 개념 없이 쓰다 보면, 목돈의 세금을 내기 위해 대출을 받아야 했습니다. 많이 번 것 같은데, 되돌아보면 남는 게 없었습니다. 그러다 회사가 배려한 기간이 끝나자, 진짜로 먹이를 찾아 들판을 헤매는 표범이나 하이에나가 되어야 했습니다.

회사에서 잘나가다가 후선으로 밀려난 선배를 만났더니, "일도 없고, 임금피크제가 시행되어 소득도 줄고, 재미도 없다"라며 회사를 그만두겠다고 했습니다. 그래서 "정년 때까지 절대로 그만두지 말라"라고 했습니다. "연봉이 점점 줄어들어 마지막에는 대리급 연봉을 받더라도 웬만한 회사의 직장인들보다 연봉이 높고, 여러 가지 복리후생이나 퇴직금이나 연금 증가분 등을 고려하면, 일도 안 하면서 받는 혜택이 엄청나다"라고 진심을 다해 말해 주었습니다.

그래도 '미치겠다'고 해서 다시 말했습니다. "회사에 다닐 때는 혼자만 미치면 되지만, 회사를 그만두면 온 가족이 미치게 된다. 내가 생각 없이 먼저 나와 보니, 그것이 잘못된 선택이었다는 것을 깨닫는데 얼마 안 걸리더라. 절대로 그만두지 말고 버텨라"라고 말이죠. 그날 이후로도 여러 번 비슷한 이야기를 했지만, 그분도 얼마 되지 않아 회사를 그만두었습니다. 회사를 나오면 누가 '어서 오십시오' 기다리는 것도 아니고, 그분은 회사에서 방송 쪽 일만 해 왔고, 나이도 많아져서 새로운 직장을 찾기가 쉽지 않았습니다. 상당 기간 놀다가 지금은 택시 운전을 하고 있습니다. 국내 최고의 대기업에 다니던 사람이 택시 운전이라니… 그 직업을 무시하는 것이 아니라, 그렇게 된 운명이 미웠습니다.

저는 강의를 다니며 틈틈이 구직 사이트에서 적합한 자리를 찾아 지원을 하기도 했습니다. 40대에만 해도 헤드헌터들로부터 많은 전화를 받았는데, 이제 지원을 해도 보자는 곳이 드물었습니다. '아무리 좋은 스펙도 나이를 이기기 힘들다'는 것을 알았습니다. 더러 보자고 하는 곳은 아직 내려놓지 못한 자존심 때문에 마음에 들지 않았습니다. 배가 덜 고팠던 것이죠. 그러던 중 헤드헌터로부터 연락을 받고, 모 치킨 회사 연수원장 포지션에 지원을 하게 되었습니다. 여러 과정을 거쳐 회장을 만나 최종 면접을 보고, '잘해 보자'고 악수를 나누고 돌아온 후 최종 합격 소식을 듣고, 업무계획부터 제출하라고 해서, 열심히 작성해서 보냈습니다. 그것이 추석 일주일 전이었는데, 추석 지나고 나니 무슨 일이 있었는지 모르지만, 없던 일로 하자는 연락이 왔습니다. 허탈했습니다. '닭만도 못한 인간들… 일을 그따위로 하다니… 아이디어만 빼먹고… 회사는 크지만, 일하는 것은 중소기업만도 못하다'는 생각이 들었습니다. 다음 달 강의 들어온 것도 다 취소했고, 새 출발을 축하해 준 동료며 후배들에게 술도 많이 사 줬는데, 어이가 없었습니다. 그 이후로 잠도 잘 안 오고, 일도 잘 안 되고, 금전적 손해도 엄청 컸습니다. 제가 제 사주를 놓고 운세를 보니 별로 좋지 못한 달이었는데, 이상하게 잘 풀린다 싶었고, 운세가 틀리기를 바랐는데, 역시 운명은 제 갈 길을 갔습니다.

한참 지나 다시 마음을 추스르고, 여기저기 강의도 다니고, 이곳저곳의 사업계획서나 제안서도 만들어 주고, 교육 프로그램이나 교재도 개발해 주고 하면서 돈을 벌다가, 지금의 IT 회사에서 연락이 와, 직급은 '상무'에, 한 달의 절반은 회사 일을 하고, 절반은 강의나 다른 일을 하기로 하고 계약을 했습니다. 월 소득의 반은 회사에서, 나머지 반은 강의나 다른 일을 해서 벌었는데, 코로나 덕분에 강의를 못 해 회사로 매일 출근을 해도 소득이 코로나 이전에 비해 절반 이하로 줄었지만, 그래도 열심히 일했고, 다시 정규직이 되었습니다. 고정적으로 나오는 월급이 있어 얼마나 다행인지 모릅니다. 그냥 회사를 다니고 있다는 사실 자체만으로도 고마운 일이니, 성은이 망극할 따름입니다.

회사에 다닐 때 못 갖춘 전문성이 밖에 나온다고 금방 갖춰지지 않습니다. 물론 그렇지 않은 사람도 있습니다. 한 회사에서 퇴직 후 능력을 인정받아 더 좋은 회사로 옮겨 다니는 사람도 많이 있습니다. 저도 비교적 젊은 나이 때, 차장으로 진급하자마자 이직을 해서, 직급을 높여 가며 메뚜기처럼 회사를 옮겨 다녔다면 더 좋았을 수도 있겠다 싶은 생각이 들지만 쓸데없는 생각입니다. 회사에 다닐 때는 내가 하는 일이 가치가 없어 보이고, 이놈의 회사 콱 그만둬 버릴까 하는 생각도 들고, 양복 안주머니에 사표를 써서 가지고 다니기도 했지만, 그것도 회사 다닐 때의 일입니다. '회사 나오면 춥다'는 말을 많이 하는데 실제로 나와 보니 매우 추웠습니다.

회사는 원래 재미없는 곳입니다. 회사가 재미있는 곳이라면, 입장료 내고 출근해야 맞지 않을까요? 들어오기 전에는 못 들어가서 안달이고, 들어와서는 못 나가서 안달인 곳이 회사고 직장이라고 합니다. 예전에 회사 다닐 때는 '오늘이란 지나가 버려야 비로소 아름다워지는 것인지… 내일이면 또 웃고 말 오늘 하루를, 왜 이리 호들갑을 떨며 살아야 하는지… 왜 남들은 그렇지 않은 것 같은데, 나만 혼자 유난스럽게 이러는지… 뭣 같은 회사 진짜 그만둬야겠다고, 앵무새처럼 혼자 지껄이면서도 뛰쳐나가지도 못하고 신발 끈만 매만지고 있는지… 돌아서면 넓은 공간인데, 굳이 유리창만 고집하는 파리의 몸부림 같은 짓을 하고 있는지…' 같은 생각이 많이 들었지만, 지나고 보니, 그때가 행복한 시절이었습니다. 직장인의 삶도 수도승의 삶과 비슷합니다. 힘들어도 참고 인내해야 합니다. 그것이 나와 가족을 살리는 일입니다. 아무리 힘들어도 회사 함부로 나오면 안 됩니다.

04
노후보다 은퇴를 준비하자

 2001년에 일본의 혼다가 선보인 로봇 '아시모'를 보는 순간 커다란 충격을 받았습니다. 20년 뒤 혹은 30년 뒤가 될지 모르지만 '아주 가까운 미래에 인간의 삶이 로봇과 매우 밀접한 관계를 갖게 되겠구나'라는 생각 때문이었죠. 확실하진 않지만 20년 뒤에는 '얼마나 좋은 로봇을 살 수 있느냐에 따라 노후 삶의 질이 달라질 수도 있겠다'라는 생각도 들었습니다. 나이 들어 몸이 불편할 때 짜증도 내지 않고 자식들을 대신해 건강을 보살펴 주고 말벗도 되어 줄 노년의 친구 같은 로봇이 분명히 나오지 않을까 생각했었죠. 그런데 몇 년 전부터 일본에서는 '간병로봇'이 나와 요양병원에 있는 노인들을 돌보는 데 활용되고 있으니, 제 생각이 틀리지 않았다는 것을 알 수 있습니다.

 통계청에 따르면, 2021년 우리나라 사람들의 기대수명은 83.6세가 되었지만 직장에서 밀려나는 시점은 점점 더 빨라지고 있습니다. 물론 제2의 직업을 통해 일을 하는 기간은 더 늘어나겠지만, 수명의 증가만큼 늘어날 수 있을까요? 우리나라 직장인 대부분이 52세 전후로 직장에서 퇴직을 하지만, 퇴직 시점을 60세로 잡아도 20년 정도의 여생을 살아 내야 합니다. 특별한 준비 없이 20년 이상을 버틴다는 것은 거의 불가능한 일이 될 것입니다. 나의 노후는 누가 돌봐 줄까요?

기대를 접어라

제법 유명한 세라미스트인 딸아이가 유명 잡지에 실릴 외국계 화장품 회사모델로 촬영을 하고 400만 원이 넘는 반지를 두 개 받았는데, 아내가 하나 달라고 했더니 '^.^' 이렇게 문자를 보내왔습니다. 준다는 것인지 만다는 것인지…. 딸아이 대학 졸업 후 작업실 임차하고, 작업 환경을 꾸며 주느라고 2억 원 이상이 든 것 같은데. 엄마한테 반지 하나 주기가 싫은 모양입니다. 나중에 만나서 물어보니 남자 친구랑 하나씩 나눠 가졌다고 합니다. 원래 받을 마음도 없었겠지만 아내도 '새끼들 키워 봐야 소용이 없다'는 생각이 들었을 것 같았습니다. 그렇지 않은 자녀들도 많겠지만 자녀에 대한 기대는 애초에 하지 않는 것이 좋을 것 같다는 생각이 들었습니다.

혹시 자식 같은 국민연금에 대해 기대하는 사람들이 있을지 모르지만, 국민연금은 노후생활을 위한 '덤'을 하나 얻은 것 정도로 생각하면 좋을 것 같습니다. 국민연금은 사회보장 제도의 하나이기 때문에 아무리 내가 많이 내도 나오는 금액 자체가 적습니다. 더구나 물가상승에 따른 돈의 가치 하락까지 생각하면 그야말로 적은 금액이 될 수 있고, 연령대별로 연금이 지급되는 시점도 달라져서 직업 전선에서 물러나고 나서도 한참을 기다려야 받을 수 있다는 모순이 생깁니다. 52세나 55세에 은퇴를 했는데 국민연금이 65세부터 나오면 그동안은 무엇으로 먹고 살아야 한다는 말인가요?

노후보다 은퇴

노후보다는 은퇴를 준비해야 합니다. 은퇴 시점이 노후 시점이 될 수도 있겠지만 노후준비는 나이가 들고 노동력이 떨어질 때에 대비한 수동적인 준비라고 할 수 있습니다. 55세든, 60세든 인생 후반기의 일정 시점을 설정하고 그때부터 여생을 살아가기 위한 준비라는 것이죠. 반면, 은퇴(Retirement)는 다시(Re) 타이어(Tire)를 바꿔 끼우는 것처럼 또 다른 삶을 위해 언제든 자발적으로 퇴진한다는 의미가 포함되어 있습니다.

그런데 은퇴를 위해 가장 큰 걸림돌은 은퇴자금 확보입니다. 다음 그림에서 보시다시피, 모은 돈을 노후자금으로 다 쓴다고 가정할 때, 55세에 은퇴를 한다고 하면, 은퇴 시점까지 준비한 자금(A)이 은퇴 후 사용할 자금(B)보다 적어도 많거나 같아야 은퇴가 가능할 것입니다. 일반적으로 은퇴 PLAN ①의 경우처럼 55세 정도에 은퇴하고, 노후생활을 시작하는 것을 가정하면, 은퇴준비나 노후준비나 다를 게 없습니다. 하지만 은퇴 PLAN ③처럼 조기에 은퇴자금을 확보한 사람은 좀 더 빨리 은퇴할 수 있을 것입니다. 그리고 매월 몇만 원 정도 개인연금을 준비하는 사람은 은퇴 PLAN ④처럼 은퇴가 늦어지거나 어쩌면 평생 은퇴가 불가능할 수도 있습니다. 어떤 플랜을 선택해야 할까요?

※ 여러 가지 은퇴 플랜

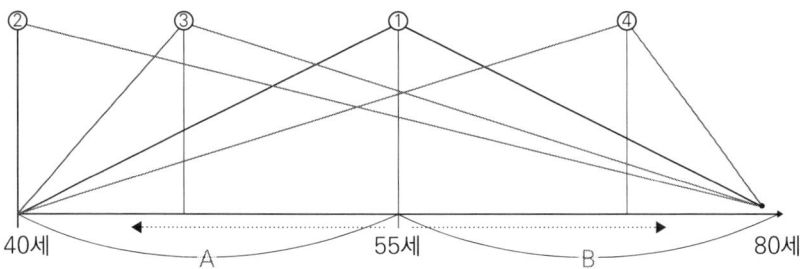

　은퇴 후 생활비만 생각해 봅시다. 60세에 은퇴해서 특별한 수입 없이 기대수명인 80세까지 20년 동안 월 100만 원씩만 쓴다고 치면, 2억 4천만 원이 필요합니다. 현재 40세 남자가 60세 시점까지 그 2억 4천만 원을 모으기 위해서는 투자수익률 4%를 가정했을 때 20년 동안 매월 96만 원 정도를 저축하거나, 지금 당장 1억 950만 원 정도를 은행에 예치해 두어야 합니다. 그리고 이건 순전히 생활비만 고려했을 때, 돈의 가치 하락도 고려하지 않았을 때 이야기입니다. 그 외에 노후 건강관리에 필요한 의료비나 품위 유지비 등을 고려하면 노후생활을 위해 훨씬 더 많은 자금이 필요하다는 것을 알 수 있습니다.

　만약에 은퇴 PLAN ②의 경우처럼, 이번 주 로또 복권에 혼자만 당첨이 되면, 돈에 관한 한 그날로 은퇴가 가능할 것입니다. 하지만 대부분의 경우, 은퇴는 언제, 어떻게 할 것인지 장기적인 관점에서 준비되어야 합니다. 직업 인생의 끝이 할아버지, 할머니라면 참 슬픈 일입니다. 노후보다는 은퇴를 준비하십시오. 은퇴설계의 Key는 은퇴 후, 현재 생활비의 몇 % 정도나 쓸 것인지, 그리고 얼마나 오래 살 것인지에 관한 것입니다.

은퇴자금을 모으는 구체적인 방법은 스스로 찾아도 좋지만, 전문가들의 조언을 듣는 것이 좋습니다. 그리고 열심히 준비하십시오. 자녀들에게 남길 수 있는 가장 아름다운 유산은, 많은 재산이 아니라, 부모가 자신들의 미래를 스스로 계획하고 실천해 왔다고 하는, 부모의 삶에 대한 태도가 아닐까요?

05
노후준비도 빨리빨리

　외국인들에게 '한국인들 하면 먼저 떠오르는 단어가 무엇인가'라는 질문을 던졌을 때 가장 많이 나온 답이 '빨리빨리'입니다. 2006년 독일 월드컵 때 아드보카트 감독은 자신이 가장 좋아하는 한국말이 '빨리빨리'라고 말했습니다. 한류가 전 세계로 퍼지면서 외국어 사전에 등재되는 한국어 단어가 늘어나고 있는데, '빨리빨리'는 옥스포드 사전에 'ppalli ppalli'라는 단어로 등재될 정도로 우리나라를 대표하는 유명한 단어가 되었습니다.

⏰ 모든 게 빠른 우리나라

　비행기를 타고, 스튜어디스가 음식이나 음료수를 내오기 시작하면 우리나라 사람들은 미리 테이블을 펴 놓고 기다립니다. 옆 사람이 주문할 것까지 미리 알아서 척척 받아 줍니다. 비행기가 착륙하면 모두들 일어나 짐을 챙기고 서 있습니다. 자판기 속에 손을 넣고 커피가 빨리 나오기를 기다리는 것이 일상이고, 음식점을 나서며 빠른 결제를 위해 가게 주인이 카드 서명을 대신해도 괜찮은 나라는 우리나라밖에 없을 것입니다. 어느 엘리베이터든 '닫힘' 버튼은 닳아 있고, 5G 기술을 세계 최초로 상용화한 것도 우리나라입니다.

우리나라는 초고속 인터넷 속도만 빠른 게 아니고, 사회 곳곳에서 이루어지는 서비스의 속도도 엄청 빠릅니다. 물건을 구입하자마자 당일 배송, 새벽 배송이 이루어지고, 식당에 가면 앉자마자 반찬 셋팅과 함께 음식도 금방 나오며, 한강 둔치는 물론 어느 마을 당산나무 아래, 심지어 마라도에서도 신속하게 짜장면을 배달받을 수 있습니다. 전자제품 AS센터나 은행, 관공서, 병원, 안경점 등을 찾은 외국인들은 친절하고 신속한 일 처리에 놀랍니다.

◎ 노후준비도 빨리빨리?

우리나라를 대표하는 '빨리빨리'는 1등 의식입니다. '빨리빨리'는 머리가 좋아야 할 수 있습니다. 우리나라 사람들의 IQ는 세계에서 가장 높습니다. 세계에서 가장 뛰어난 민족으로 일컬어지는 유태인들보다 높습니다. '빨리빨리'는 상황판단이 좋아야 할 수 있습니다. 우리나라에서 상황판단은 '눈치'입니다. 사람이 눈치가 없으면 일을 그르치게 되고 욕을 먹을 수도 있습니다. '빨리빨리'는 절박함입니다. 시간이 생명입니다. 우리나라는 앞으로도 할 일이 많고, 시간은 부족합니다.

우리나라는 선진국들이 오랜 시간을 들여 이룩한 것을 단기간에 따라 잡아야 했고, 압축성장이 필요했습니다. 그래서 무슨 일이든 빨리빨리 열심히 하다 보니 여러 부분에서 세계를 선도하는 국가들의 반열에 올라서게 되었지만, 굳이 1등을 하지 않아도 되는 분야에서도 1등을 하게 되었습니다. 그 대표적인 것이 우리나라는 출산율이 떨어지는 속도, 인구가 늙어 가는 고령화 속도도 세계에서 가장 빠르다는 것입니다. 그럼 우리나라 사람들은 노후준비도 '빨리빨리' 잘 하고 있을까요?

2020년 잡코리아와 알바몬이 30, 40대 남녀 직장인 2,385명을 대상으로 실시한 설문조사에서 '현재 노후준비를 잘 하고 있다'고 응답한 직장인은 25.9%에 불과했습니다. 나머지 74.1%는 '잘 못하고 있다'고 생각한다는 것이죠. 그리고 직장인 10명 중 약 4명(37%)이 '노후가 암담하고 불안하다'고 답했습니다. 또, '노년을 안정적으로 보내기 위해 필요한 자금'에 대한 질문에서 나온 답은 월평균 216만 원이었습니다.

2016년 SBS 방송에 따르면, KB금융지주에서 서울시민들에게 '은퇴 후 생활비 어느 정도로 생각하고 계시나요?'라고 물어본 결과 '은퇴 후 필요한 노후생활비는 현재가치로 월 226만 원' 정도였습니다. 직장인들이나 서울시민들이 대답한 노후 필요자금은 비슷해 보입니다. 그런데 서울시민들이 국민연금, 개인연금, 저축 등을 탈탈 털어 실제로 준비 가능한 돈은 116만 원 정도였습니다. 필요한 돈에 비해 110만 원이 부족한 것이죠.

부족한 노후자금 해결 방법

부족한 자금을 어떻게 해야 할까요? 계산하기 쉽게 10만 원은 떼고 100만 원이 부족하다고 치고, 연금보험 상품을 활용하여 월 100만 원씩 받는 방법을 생각해 봅시다. 40세 남자가 60세에 퇴직해서 월 100만 원씩 받으려면 60세 시점에 3억 3,643만 원이 준비되어야 하고, 그렇게 하기 위해서는 40세부터 60세까지 20년 동안 매월 120만 원씩을 불입해야 합니다. 그런데 평범한 월급쟁이가 매월 120만 원씩을 추가로 불입하기가 쉬운 일일까요? 그럼 어떻게 해야 할까요?

※ 부족자금 해결 방법

※ A연금저축, 40세, 남, 100세 보증 기준

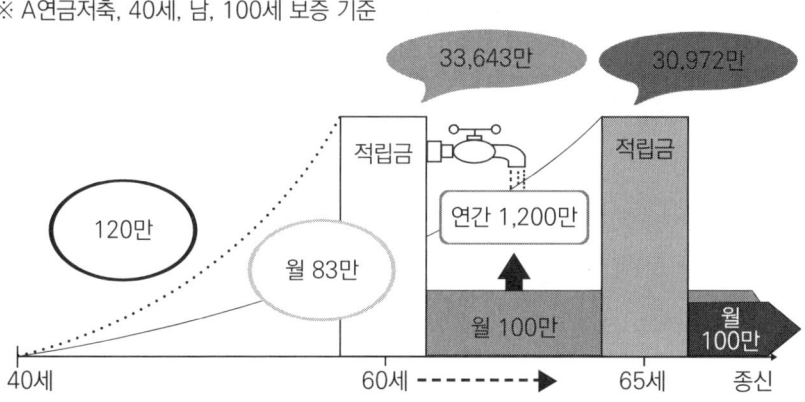

가장 쉬운 방법은 연금을 받는 노후 시점을 늦추는 것입니다. 65세로 노후 시점을 늦추면 살 수 있는 기간, 다시 말해 연금을 받는 기간은 5년이 줄어들고, 돈을 낼 수 있는 기간은 5년이 늘어나 매월 불입해야 할 돈

은 83만 원으로 부담이 1/3 정도 줄어듭니다. 이것을 다시 말하면 '노후준비가 안 된 사람은 노후 시점을 계속 늦춰야 한다는 것이고, 이 말은 곧 평생 일을 해야 한다는 것'이 됩니다. 그럼 노후준비는 언제부터 하는 것이 좋을까요?

노후준비 빠를수록 좋다

　노후가 시작되는 시점까지 쌓을 수 있는 돈을 '적립금' 또는 '연금지급준비금'이라고 합니다. 노후준비는 결국 이 돈을 어떻게 준비하느냐에 달려 있습니다. 국민연금으로 준비할 수도 있고, 퇴직연금으로 준비할 수도 있고, 저축과 예금을 반복하여 준비할 수도 있습니다. 모든 재테크는 일찍 시작하여 '기간의 힘', '복리의 힘'을 활용하는 것이 가장 좋습니다. 시간이 곧 돈이기 때문입니다.

　금리 4%의 상품에 투자하여 60세 시점에 1억을 모으는 경우를 생각해 봅시다. 10살 때 시작하면 매월 9만 원 정도만 저축하면 되지만, 20살 때 시작하면 12만 4,140원, 30살 때 시작하면 18만 4,070원과 같이 저축해야 할 금액이 늘어납니다. 50살 때 시작하면 매월 71만 1,880원을 넣어야 합니다. 왜 그럴까요? 늦게 시작할수록 저축할 수 있는 기간, 복리효과를 누릴 수 있는 기간이 짧아지기 때문입니다. '게으름이 죄'가 된 것입니다.

※ 60세 시점 1억 모으기

시작 나이	10세	20세	30세	40세	50세
준비기간	50년	40년	30년	20년	10년
월 투자금액	90,212	124,140	184,079	310,989	711,880
총투자금액	54,127,200	59,587,200	66,268,440	74,637,360	85,425,600

10살 때 시작하면 저축할 수 있는 기간이 50년이나 되지만, 50살 때 시작하면 10년밖에 되지 않습니다. 그래서 10살 때 시작하면 총 5,413만 원 정도를 넣고 1억을 만들 수 있지만, 50살에 시작하면 총 8,543만 원 정도를 넣어야 1억이 만들어집니다. 총 불입한 금액의 차이가 3,120만 원 정도나 되고 그 차이는 기간이 만들어 낸 이자의 차이입니다. 동일한 금액을 만드는 데 일찍 시작하면 부담은 줄어들고 이자는 많이 받는다는 말이죠.

우리나라의 미덕은 '빨리빨리'지만 은퇴준비에 있어서는 그렇지 못합니다. 노후준비는 긴 시간에 걸쳐 은퇴자금을 모으고, 불려 나가는 과정인데, 이 과정마저 단축시켜 '빨리빨리' 할 수 있다고 생각하는 것은 아닌가 싶기도 합니다. 하지만, 아쉽게도 노후준비는 '빨리빨리' 되지 않습니다. 당신의 남은 인생에서 가장 젊을 때는 지금이고, '늦었다 싶을 때가 가장 빠른 때'입니다. 지금 당장 노후준비를 시작하십시오.

CHAPTER 5

연금으로
준비하십시오

01
연금이 최고 아닐까요?

돈으로 행복을 살 수 있을까요? 어떤 이는 그렇다고 하고 어떤 이는 그렇지 못하다고 합니다. 행복의 기준이 다르기 때문이죠. 유튜브 채널 '드립팩토리'에서, 젊고 예쁜 여자 친구가 "어제 연예인 동생들을 만났더니, 다들 명품 백을 들고 다니고, 돈도 많고 해외여행도 많이 다니더라"라며 부러워 죽겠다고 말하자, 남자 친구가 묻습니다. "너는 우리가 행복을 돈으로 살 수 있다고 생각해?" 여자가 '응' 하고 답하자, 남자가 되묻습니다. "우리는 돈으로 행복을 살 수 없어. 왠지 알아?" 여자가 '왜'라고 묻자 남자가 말합니다.

"물론 돈으로 행복을 살 수 있지. 그런데 우리는 그만한 돈이 없어. 못 사. 행복을 돈으로 사려면 돈이 겁나 많아야 해. 우리가 살 수 있는 것은 … 나이키 같은 곳에서 잠바 같은 것 사면 기분 좋지? 막 기쁘지? 거기까지야. 우리가 기쁨은 살 수 있지만, 행복은 에르메스야. 가방 하나에 몇천만 원이야. 그냥 다이소에 기쁨이나 사러 가자"라고 말이죠. 영상을 보며 웃다가 또 하나 배웠습니다. '아! 나이키 잠바 정도는 기쁨, 행복은 에르메스구나?'라고 말이죠. 그리고 구매력을 가지고 기쁨과 행복을 나누는 신박한 생각에 탄복합니다.

죽음을 부르는 노후파산

젊음의 상징은 '3GO'입니다. '하고 싶고', '갖고 싶고', '되고 싶고'와 같은 일들이 많은 것이죠. 그것들은 그 시절만의 특권이니 마음껏 갈구해도 좋을 것입니다. 그리고 '3GO'의 욕망을 채워 줄 '돈'도 많이 필요할 테니, 열심히 일하고 돈을 모으면 그들이 말하는 행복도 살 수 있을 것입니다. 노후가 되면 어떨까요? 신체가 늙는 것이지, 마음까지 늙는 것은 아닐 것입니다. 나이가 들면서 '3GO'의 욕망도 줄어들고, 남들에게 잘 보이고, 위신을 뽐내기 위한 것도 아닌데도 돈이 필요합니다. 바로 생활비와 의료비 때문입니다.

늙어서는 일을 할 수 없으니, 젊어서 모아 놓은 재산에서 생활비와 의료비를 충당할 수밖에 없습니다. 재산이 많으면 죽을 때까지 별다른 어려움 없이 노후를 보낼 수 있습니다. 그런데 그 재산이 많지 않거나, 자식들 때문에 마지막까지 잘 간수할 수 없다면 어떻게 될까요? 우리나라보다 앞서 고령화 사회에 진입한 일본의 사례를 보여 주는 책이 있습니다. NHK방송에서 나온 『노후파산』이라는 책입니다. 돈이 없어 불행한 노후를 보내는 노인을 취재하여 만든 다큐멘터리에서 다 다루지 못한 내용들을 편집하여 만든 것입니다.

일본의 홀몸 노인은 약 600만 명에 달하며, 1/3인 200여 만 명이 겨우 목구멍에 풀칠하며 목숨을 유지하는 '노후파산'의 삶을 살고 있다고 합니다. 노인들이 말합니다. "병원에 가야 하지만 돈이 없어 참고 있다오", "하루에 한 끼만 먹고 있지. 하지만 그렇게 해도 1,000원도 쓸 여력이 없다오", "이런 노후가 찾아오리라고는 생각도 못 했지"라고 말이죠. 장수라는 악몽! 이 책에 나온 노인들의 한결같은 이야기는 '죽고 싶다' 입니다. 그런데 진짜 죽고 싶어서 '내일 아침 일어나지 말아야지' 생각하고 잠들면 잘 죽어지던가요?

독자들이 보내 준 글을 읽어 주는 라디오 프로그램 '컬투쇼'에 나왔던 이야기입니다. 103세 되신 할아버지가 계십니다. 할아버지는 매일 이야기하십니다. "얼른 죽고 싶다. 아침에 눈이 떠지면 '오늘도 살았구나' 하고 탄식을 한다. 내가…" '하루를 더 사는 것은 죄를 짓는 일'이라며 '얼른 죽고 싶다'던 할아버지께서 어느 날 갑자기 몸져누우셨습니다. 연세도 많고, 가족들도 마음의 준비를 했습니다. 그런데 2~3일 후 기적적으로 호전이 되어 깨어나신 할아버지께서 내뱉은 첫마디는 "아! 진짜로 죽을 뻔했네"였다고 합니다. 죽는 것도 쉽지 않습니다.

⊙ 모든 사회안전망이 상실된 하류노인

'노후파산'과 함께 일본에서 큰 반향을 불러일으킨 말이 '하류(下流)노인'입니다. 하류노인은 '생활보호대상자 정도의 소득으로 생활을 하거나 그렇게 될 우려가 있는 노인'을 말합니다. 노후준비를 제대로 못 했거나, 잘 했어도 갑작스런 변수가 생기면 하류노인이 됩니다. 하류노인이 되는 원인은 크게 5가지로, 병이나 사고로 인한 의료비 지출의 증가, 저임금 비정규직의 증가로 취직을 못 하거나 실업자가 되어 계속 부양해야 하는 자식, 치매로 인한 사기 피해, 황혼이혼에 따른 재산분할 등이 그것입니다.

일본에서 혼자된 노인에게 필요한 돈은 월평균 14만 엔인데, 수입이 10만 엔에도 미치지 못하는 노인들이 60~70%나 됩니다. 2008년 금융위기 이후 저축을 할 수 없는 계층이 늘어났고, 한 설문조사에서는 일본 노인 가구 중 약 17%는 '저축이 없음'이라고 답했다고 합니다. 또, 지역적인 연결고리나 이웃 관계가 점점 희박해져 경제적으로 힘들고, 몸이 아파도 의지할 곳이 없는 것도 문제입니다. 다시 말해 일본에서 하류노인은 수입도 없고, 저축도 없고, 의지할 사람도 없는, 3무(無) 상태의 노인을 말하는 것입니다.

더 힘든 우리나라 노인들

2016년 일본의 후생성의 자료에 따르면, 전업주부를 아내로 둔 직장인 은퇴자의 월평균 연금 수령액은 22만 엔입니다. 우리 돈으로 230만 원정도로, 우리나라 사람들 누구나 부러워하는 공무원연금 수준입니다. 그리고 2018년 기준 일본의 노인 빈곤율은 19.4%입니다. 10명 중 2명 정도만 가난하다는 것이죠. 그런데도 노후파산이나 하류노인이 사회문제가 되고 있습니다. 그럼 우리나라는 어떨까요? 우리나라는 노인 10명 중 3명만 국민연금을 받고 있고, 월평균 수령액도 58만 원 정도에 불과하며, 노인 빈곤율은 43.4%나 됩니다.

우리나라가 훨씬 더 심각합니다. 일본이 '노후파산'이면, 우리나라는 '노후지옥'이라고 말하는 사람들도 있습니다. 우리나라에 비해 비교적 노후준비가 잘 된 일본의 노인들도 노후가 힘듭니다. 아무리 준비를 잘

해도 어느 날 갑자기 노후파산을 맞고 하류노인이 될 수 있는 것이 인생입니다. '가난은 나라님도 구제할 수 없다'고 했습니다. 일할 수 없고, 돈을 벌 수 없고, 아프고, 자식이나 이웃도 보탬이 안 되는 미래의 노후를 구제할 사람은 현재의 자신밖에 없고, 노후에 필요한 자금은 연금으로 준비되어야 합니다.

02
노후준비 연금으로 해야 하는 이유

노후생활을 대학에 빗댄 재미난 이야기들이 있습니다. '방콕대'는 '방안에 콕 틀어박혀 소일하는 노인', '서울공대'는 '서럽고 울적해서 공원을 찾는 노인', '동경대'는 '동네 경로당에서 시간을 때우는 노인'을 말한다고 합니다. 그중에 으뜸은 '건국대'인데, '건강한 몸으로 국민연금을 받아 생활하는 노인'이랍니다. 웃자고 하는 소리지만, 의미심장합니다. 노후에는 연금이 제일이라는 것이죠. 왜 연금이 최고일까요?

◉ 한 노인의 연금에 매달려 살아가는 두 젊은이

「아마도르(Amador, 2010)」라는 스페인 영화를 보신 적이 있습니까? 스페인도 청년 실업률이 매우 높은 나라 중 하나입니다. 마르셀라라는 젊은 여성이 꽃집에서 아르바이트를 하며 하루하루를 힘겹게 살아가고 있었습니다. 그러던 어느 날 한 달에 약 60만 원씩 받을 수 있는 일을 하게 되었습니다. 노환으로 하루 종일 침대에 누워 지내는 아마도르라는 노인의 말동무를 해 주는 일이었습니다. 생활비 부담을 덜게 된 마르셀라는 뛸 듯이 기뻤습니다. 그런데 간병을 시작한 지 얼마 되지 않아 노인이 죽고 말았습니다.

노인이 이순신 장군처럼 '나의 죽음을 알리지 말라'고 한 것도 아닌데, 당장 돈이 절실했던 마르셀라는 노인의 죽음을 감추고, 시신과 함께 생활을 이어 갔습니다. 시신이 썩는 냄새를 가리기 위해 집 안을 장미로 채우고 방향제를 뿌렸습니다. 그러던 어느 날 딸이 찾아와 들통이 나고 말았습니다. 큰일이 난 것이죠. 그런데 딸은 마르셀라를 나무라기는커녕 "나도 아빠의 연금이 계속 필요하니 두 달만 더 시신과 함께 버텨 달라"라고 했습니다. 노인의 연금에 매달린 두 젊은이의 슬픈 이야기입니다.

현금부자 VS 연금부자

농담 같기도 하고 진담 같기도 한 이야기를 하나 더 해 볼까요? 할머니 두 분이 계십니다. A 할머니는 강남에 아파트 한 채를 소유하고 있고 은행에 현금 10억을 은행에 예치해 두고 있습니다. B 할머니는 재산은 별로 없지만 공무원연금과 개인연금보험에서 매달 연금이 400만 원씩 나오는 분입니다. 두 분이 은행에 가면 어떤 대접을 받을까요? A 할머니는 발레파킹부터 시작하여 VIP 대접을 받습니다. 반면, B 할머니는 ATM이 접대를 할 겁니다. ATM은 돈 없는 사람은 이 이상 들어오지 말라는 말과 같습니다.

그런데 두 할머니가 모두 치매에 걸려 오랫동안 간병을 받아야 하는 일이 생기면 어떻게 될까요? 간병이 길어질수록 A 할머니의 자식들은 '이제 엄마는 좀 돌아가시지'라고 생각할 수 있습니다. 자기들 몫이 될 할머니 재산이 자꾸자꾸 줄어드는 것 같아 견딜 수가 없으니까요. 그런데 B 할머니 자식들은 '우리 엄마는 절대로 돌아가시면 안 돼'라고 생각합니다. B 할머니 자식들이 특별히 효자라서가 아닙니다. 엄마가 살아 계셔야 연금이 계속 나오기 때문이죠. 너무 극단적인 것 같지만 실제로 있을 법한 이야기 아닌가요?

스페인 청년들의 비참한 현실을 노인 한 사람의 연금에 매달려 살아가는 두 젊은이로 그려 낸 영화 「아마도르」와 두 할머니 이야기를 통해 노후와 관련된 중요한 교훈을 얻을 수 있습니다. 그것은 바로, '연금이 있으면 마음대로 죽을 수도 없다'는 것, '연금이 있어야 죽을 때까지 자식들이나 주변 사람들로부터 관심과 도움을 받을 수 있다'는 것이죠. 그런 의미에서, 복권당첨은 거의 불가능한 이야기지만, 이왕 당첨이 된다면, 일시금으로 받는 로또복권보다는 연금으로 주는 연금복권이 더 낫고, 노후는 현금이나 다른 재산보다 연금으로 준비하는 것이 좋다는 생각이 들지 않습니까?

연금이 좋은 이유

노후에 연금이 좋은 이유는 많습니다. 우선 연금은 정기적인 수입을 의미합니다. 월급과 같은 것이죠. 요즘 50대만 되어도 오라는 곳이 거의 없는 실정입니다. 50대 초반에 직장에서 나와 재취업을 하기는 힘듭니다. 퇴직은 곧 수입의 단절과 같습니다. 그러나 연금이 있다면, 은퇴를 한 이후에도 계속 직장을 다니는 것과 같습니다. 일도 하지 않으면서 평생 동안 월급을 꼬박꼬박 받는 것과 같습니다. 월급이 있으니 비록 나이가 들었지만 뭔가를 할 수 있다는 새로운 꿈도 꾸고 저축도 할 수 있습니다. 꿈이 없는 삶은 이미 죽은 삶이라고 볼 때, 연금은 죽음을 멀리하는 불로초와 같습니다.

두 번째로 연금은 부동산 월세 수입보다 든든합니다. 요즘 우스갯소리 중 하나가 '조물주 위에 건물주'라는 말입니다. 젊어서 상가나 오피스텔 같은 부동산을 마련한 후, 노후에는 임대수입을 가지고 노후를 보내려는 사람들도 적지 않습니다. 그러나 부동산 임대도 젊어서나 할 수 있는 것이라는 이야기도 많습니다. 세입자들과 일일이 만나 교섭을 해야 하고, 나이가 들어 건물이나 시설, 집기의 보수나 교체 등도 힘들고, 세를 제때 내지 않거나 요구사항이 많은 세입자들과의 마찰도 감수해야 하고, 신경 쓸 것이 한두 가지가 아니라는 것이죠. 반면, 연금수입은 정신적으로나 육체적으로 힘들 게 하나도 없습니다.

세 번째로 연금으로 준비하면 상속 분쟁이 생기지 않습니다. 내가 배 아파하며 낳고 키운 자식들도 내 마음 같지 않습니다. 부모의 경제력에 따라 부모를 찾아오는 횟수가 달라집니다. 좋은 부모의 조건 1순위는 '경제력'이라는 설문조사 결과도 있습니다. 점점 더 '돈 없는 부모는 자식 구경하기 힘들어'지고 있습니다. 그렇다고 돈 있는 부모가 꼭 존중받는 것도 아닙니다. 부모 사후는 물론, 생전에도 부모의 재산을 놓고 분쟁을 벌여 언론에 등장하는 자식들도 적지 않습니다. 그러나 연금으로 준비하면 자식들의 분쟁이 있을 수 없습니다. 연금은 내가 받다가 돌아가시면 끝나, 남길 것이 없으니까요.

03
우리나라의 연금제도

 기대수명은 연장되고 조기 퇴직이 일상화되면서 길어진 노후문제가 사회적 이슈로 등장한 지 오래입니다. 소가족화, 핵가족화에 따라 가족의 부양도 힘들어지면서 연금에 대한 기대가 높아졌습니다. 연금(Annuity)은 일정 연수, 일정 수명 또는 영구기간에 걸쳐 매년 또는 규칙적인 간격을 두고 지급되는 돈을 말합니다. 연금은 노후에 별다른 소득이 없거나 누군가의 도움도 기대하기 어려운 상태에서 주요한 생계수단이 됩니다. 우리나라는 형식적으로나마 연금제도가 잘 갖추어져 있는데, 어떤 것들이 있을까요?

보장 같지 않은 보장

 가장 먼저, '국민기초생활보장제도'가 있습니다. 국민기초생활보장제도는 노후소득보장만을 위한 제도는 아니지만, 최소한의 삶도 힘겨운 노인들에게는 도움이 될 수 있는 제도로, 공적부조 형태로 운영됩니다. 공적부조는 국민의 최저 생활을 보장하기 위해 빈곤자나 장애자, 노령자 등 사회적으로 보호해야 할 불우한 이웃에게 공공부문에서 제공하는 지원을 말합니다. 이에 따라 국민기초생활보장제도는 근로능력 여부나 연령 등에 관계없이 국가의 보호가 필요한 모든 가구를 대상으로 합니다.

국민기초생활보장제도는 우리나라 모든 가구를 소득 순서대로 줄을 세웠을 때 정확히 중간에 있는 가구의 소득인 '중위소득'을 기준으로 합니다. 생계급여는 중위소득의 30%, 의료급여는 40%, 주거급여는 46%, 그리고 교육급여는 50% 이하인 가구에게 현금이나 현물 형태로 지원을 하는데, 2022년 기준 1인 가구의 중위소득은 1,944,812원입니다. 이에 따라 1인 가구의 소득이 중위소득의 30%인 583,444원에도 미치지 못하면 생계급여를 지원받을 수 있습니다. 지원금은 가구 소득 인정액을 기준으로 결정되는데, 만약에 가구 소득 인정액이 30만 원이라면, 583,444원과 30만 원의 차액인 283,444원이 됩니다.

두 번째 '기초연금제도'가 있습니다. 기초연금은 65세 이상 노인들을 재산이나 소득에 따라 순위를 매긴 후, 하위 70%의 노인들에게만 연금을 지급하는 제도입니다. 하위 70%의 소득 인정액은 단독 가구의 경우 180만 원, 부부 가구는 288만 원입니다. 2023년 기준 기초연금은 단독 가구의 경우 최대 323,180원을 받을 수 있고, 부부 가구는 두 사람 합쳐 최대 646,360원이 아니라, 부부가 모두 기초연금을 수령할 경우 20%를 감액하는 규정에 따라 최대 517,088원(646,360원×80%)까지 받을 수 있습니다. 기초연금은 모든 노인들이 다 받을 수 있는 것도 아니고, 지급 금액도 적어 다수 불우노인돕기 성금처럼 느껴집니다.

돈 넣고 돈 받는 노후 보장

세 번째, '국민연금제도'가 있습니다. 국민연금에 가입하여 10년 이상 보험료를 내면 노령 연금을 받을 수 있습니다. 연금 수령 시기는 출생 연도에 따라 다른데 1969년 이후 출생자는 만 65세부터 연금을 수령할 수 있습니다. 국민연금의 가장 큰 장점은 물가상승률을 반영하여 매년 연금액이 증가하기 때문에 연금의 실질가치를 유지할 수 있다는 점인데, 앞서 살펴본 대로 국민연금은 월평균 수령액이 얼마 되지 않는 데다 65세 이상 노인들 중 절반에 가까운 사람들은 그마저도 못 받고 있는 실정입니다.

네 번째, 퇴직연금제도는 근로자에게 지급할 퇴직금을 퇴직연금 사업자에게 맡긴 후 근로자가 퇴직 후 연금으로 수령할 수 있는 제도입니다. 퇴직연금에는 회사가 퇴직금을 운용한 후 근로자가 퇴직할 때 법정퇴직금을 지급하는 확정급여형(DB형), 매년 임금총액의 1/12을 근로자가 수령하여 운용하는 확정기여형(DC형), 퇴직한 근로자가 퇴직금을 운용하거나 재직 중인 근로자가 추가 적립하여 운용할 수 있는 개인형 퇴직연금(IRP)이 있습니다. 그런데 IRP의 경우 해지율이 80% 이상이고, 수익률은 매우 낮아, 연금으로서의 기능을 제대로 수행하지 못하고 있다고 할 수 있습니다.

내 재산 다 쓰고 가기

다섯 번째 '주택연금제도'는 집을 소유하고 있지만 소득이 부족한 노인들이 평생 또는 일정 기간 동안 안정적인 수입을 얻을 수 있도록, 집을 담보로 맡기고, 자기 집에 살면서 매달 국가가 보증하는 연금을 받는 제도입니다. 부부 중 1명이 만 55세 이상이거나, 부부 기준 공시가격 등이 9억 원 이하의 주택 소유자이거나, 다주택자라도 합산가격이 공시가격 등이 9억 원 이하면 신청이 가능합니다. 주택연금제도는 희망자가 주택금융공사에 신청을 하면, 주택금융공사는 심사 후에 보증서를 발급해 주고, 그것을 기초로 은행에서 주택연금대출을 실행하는 구조로 되어 있습니다.

주택연금 연금액은 주택의 형태와 가격, 신청자 연령에 따라 다른데 2022년 현재, 신청자의 나이가 65세이고, 일반주택인 경우, 집값이 1억이면 255,000원, 3억이면 926,000원, 5억이면 1,543,000원을 매달 받을 수 있습니다. 나중에 부부가 모두 사망하면 집을 팔아 정산을 하게 되는데, 그동안 받은 연금 총량이 집값보다 많아도 상속인에게 청구를 하지는 않으며, 집값이 남으면 상속인에게 돌려줍니다. 주택연금은 국가가 연금지급을 보증하므로 연금지급 중단 위험이 없고, 부부 중 한 명이 사망해도 연금액이 줄지 않으며, 평생 받을 수 있고, 소득공제나 재산세 감면 혜택을 받을 수 있다는 장점이 있습니다.

여섯 번째 농지연금은 만 60세 이상의 농업인이 소유한 농지를 담보로 노후생활 안정자금을 매월 연금으로 받는 제도인데, 농지은행이나 농지연금 포털에서 신청할 수 있습니다. 연금 지급방식은 평생 받는 정액종신형, 초기 10년 동안은 많이 받고, 그 이후로는 적게 받는 전후후박형, 총 지급가능액의 30% 이내에서 필요자금을 수시 인출할 수 있는 수시인출형, 일정 기간 동안만 받는 기간정액형, 연금지급 기간 종료 시, 공사에 소유권 이전을 전제로 더 많은 연금을 받는 경영이양형 등 다양한데, 각 지급방식마다 신청 가능한 연령이 다릅니다.

월지급액은 신청자의 나이, 농지의 가격, 지급 기간에 따라 차이가 나는데, 예를 들어, 70세 농업인의 경우, 농지가격이 5,000만 원이면 290,000원, 1억 원이면 581,000원, 3억 원이면 1,743,000원을 받을 수 있습니다. 농지연금을 받던 농업인이 사망하면 농지를 처분한 후 남은 금액이 있으면 상속인에게 돌려주고, 부족하더라도 청구하지는 않습니다. 농지연금을 받던 농업인이 사망하더라도 배우자가 승계하면 배우자 사망 시까지 계속해서 농지연금을 받을 수 있고, 연금을 받으면서도 농지를 직접 경작하거나 임대할 수 있어 연금 이외의 추가소득을 얻을 수 있으며, 재산세 감면 등 세금 혜택이 있습니다.

개인연금으로 준비

이렇게 형식적으로는 잘 갖춰져 있는 것이 우리나라의 노후소득보장체계지만, 실질적으로는 사각지대가 많고, 급여 수준이 낮은 점 등 문제가 적지 않습니다. 국민기초생활보장제도는 극빈층과 같은 사회적 약자를 위한 제도이고, 기초연금은 연금액이 너무 적어 연금이라고 할 수가 없습니다. 주택연금이나 농지연금은 좋은 제도이긴 하지만, 가진 재산에서 곶감을 빼 먹는 형태의 연금이라 최후의 수단으로 남겨 두어야 할 것입니다. 그나마 연금다운 연금이라고 할 수 있는 국민연금, 퇴직연금도 앞서 여러 번 살펴본 대로 제대로 된 노후 보장과는 거리가 멉니다.

※ 2023년 현재 우리나라의 연금제도

 든든한 노후라고 하면 3층 보장을 말합니다. 국민연금이 1층 보장, 퇴직연금이 2층 보장, 그리고 개인연금이라고 또 하나의 보장이 필요하다는 것이죠. 개인연금은 내가 스스로 준비하는 연금입니다. 개인연금을 활용하면 국민연금을 수령할 때까지의 소득 공백을 최소화하면서 상품에 따라 세제 혜택도 누릴 수 있으며, 국민연금이나 퇴직연금으로 부족한 부분을 채울 수 있습니다. 그래서 전문가들은 '국민연금으로 쌀을 사고, 퇴직연금으로는 반찬을 사고, 개인연금으로 편히 살 생각을 하라'고 합니다. 국가나 회사가 노후를 보장해 주지 못하는 상황에서, 개인연금을 잘 준비해야 한다는 말입니다.

04
연금저축

우리나라 65세 이상 노인들의 경제활동 참가율은 30%가 넘어 OECD 회원국 중에서도 가장 높습니다. 세계 선진국 노인 중 가장 늦게까지 일을 하고 있는 것이죠. 왜 그럴까요? 이유는 단 한 가지, 노후 가난 때문입니다. 사람들을 소득 순서대로 줄을 세웠을 때 한가운데 있는 중위소득의 50%도 안 되는 소득으로 살아가는 65세 이상 노인 가구의 비율을 노인 빈곤율이라고 하는데, 우리나라의 노인 빈곤율은 OECD 국가들 가운데 가장 높은 편입니다.

노후에도 가난 때문에 일하는 노인들이 그만큼 많다는 것인데, 가난은 노인 개인의 문제일까요? 사회 구조적인 문제일까요? 우리나라가 선진국이라 하지만 사회 복지 제도가 튼튼하지 못한 것은 사실입니다. 그러나 사회 탓만 한다고 해서 개인의 책임이 면제되지는 않습니다. 어디까지나 자신의 노후는 스스로 준비해야 하는 측면이 크기 때문이죠. 그래서 젊어서부터 개인연금을 잘 준비해야 하는데, 개인연금에는 세제 혜택이 있는 '연금저축'과 그 혜택이 없는 '연금보험' 두 종류가 있습니다. 그 세제 혜택을 살펴보기 전에 과세절차와 소득공제, 세액공제부터 살펴볼까요?

🔵 소득공제와 세액공제

직장인으로서 연말정산을 하거나, 사업자로서 종합소득세 신고를 할 때 세금이 부과되는 절차는 어떻게 될까요? 먼저, 과세 대상자가 1년 동안 벌어들인 종합소득을 계산합니다. 소득에는 이자소득, 배당소득, 사업소득, 근로소득, 연금소득, 기타소득 6가지가 있는데, 각각의 소득을 벌어들이는 데 소요된 필요경비들을 뺀 후 다 더하면 '종합소득'이 나옵니다.

그리고 나서 기본공제, 추가공제, 공적연금 보험료공제, 건강 보험료공제, 신용카드공제 등 여러 가지 공제들을 해 주는데 이를 '종합소득공제'라고 합니다. 종합소득에서 종합소득공제를 하고 나면 '과세표준'이 나옵니다. 종합소득에 바로 세금을 매기면 과세 대상자의 부담이 너무 크니까 종합소득에서 가족 생활에 필요한 여러 경비 등을 빼 준 것이 과세표준인 것이죠. 그러면 공제가 많을수록 세금은 당연히 줄어들게 되겠죠?

이렇게 나온 과세표준에다 종합소득세율을 곱하면 과세대상자가 낼 세금이 나옵니다. 종합소득세율은 과세표준에 따라 다른데, 현재 우리나라 종합소득세율은 소득이 1,200만 원 이하일 경우에 해당하는 6%에서부터 10억 원을 초과할 경우 45%까지 8개 구간으로 나누어 부과됩니다. 소득이 낮을수록 낮은 세율, 소득이 높을수록 높은 세율에 해당하게 되는 것이죠.

여기서 끝이 아니고, 산출된 세액에서 마지막으로 또 한 번 공제를 해 주는데 이를 '세액공제'라고 합니다. 세액공제에는 근로세액공제, 자녀

세액공제, 연금저축 세액공제, 보장성 보험료 세액공제 같은 것이 있습니다. 앞서 산출된 세액에서 여러 가지 세액공제를 해 주고, 이미 납부한 세금이 있으면 빼 주면 최종적으로 납부할 세금이 나옵니다.

과세절차 속에 소득공제와 세액공제가 보이죠? 차이가 뭘까요? 소득공제는 종합소득에서 빼 주는 것이기 때문에 소득공제에 따른 실제 혜택은 과세대상자의 세율을 곱해야 알 수 있습니다. 똑같이 400만 원의 소득공제를 받아도 세율이 40%에 해당하는 사람은 160만 원(400만×40%)의 혜택을 보게 되지만, 세율이 15%에 해당하는 사람은 60만 원(400만×15%)의 혜택을 보게 되는 것이죠. 따라서 소득공제는 소득이 높을수록 혜택이 큽니다.

※ 과세절차와 공제

1단계	종합소득금액 계산	수익금액-필요경비
2단계	(-) 종합소득공제/과세표준	기본공제, 추가공제, 공적연금보험료공제, 건강보험료공제, 노란우산공제, 신용카드공제 등
3단계	(×) 세율/산출세액	6~38%의 세율 적용
4단계	(-) 세액공제/감면 (-) 기납부세액/자진납부세액	보장성보험료, 연금계좌 세액공제 등 원천징수 세액, 중간예납세액

반면, 세액공제는 최종적으로 결정된 세액에서 바로 빼 주는 것입니다. 따라서 어떤 세율에 해당하든 똑같이 그 금액만큼만 혜택을 보게 됩니다. 똑같은 100만 원이라 해도 소득공제는 '100만×세율'만큼, 세액공제는 바로 '100만 원'만큼 세금이 줄어들게 되는 것이죠. 이와 같은 세액공제 혜택을 받을 수 있는 상품이 바로 연금저축입니다.

연금저축과 절세효과

연금저축은 개인의 노후생활비 마련을 돕기 위해 국가에서 세제 혜택을 주는 상품인데 2013년까지는 연금저축에 불입한 금액 중에서 연간 최대 400만 원까지 '소득공제' 혜택을 주었습니다. 그럼 400만 원만큼 과세표준이 줄어들게 되는 것이고, 세금은 과세표준에 세율을 곱해서 나오는 것이니 결과적으로 '400만 원×세율'만큼 세금이 줄어드는 것이었죠. 예를 들어 세법상 과세표준이 6,000만 원인 사람의 경우 24%의 세율을 적용받게 되는데, 연간 400만 원을 연금저축에 넣으면 '400만 원×24%'인 96만 원(지방소득세 포함 시 105만 6,000원)의 세제 혜택을 받을 수 있었습니다.

소득공제는 똑같이 400만 원을 넣어도 소득이 높은 사람이 더 많은 세금 혜택을 볼 수 있는 구조입니다. 그런데 2014년부터 연금저축에 대한 세제 혜택이 '소득공제'에서 '세액공제'로 바뀌었습니다. 어떤 차이가 있을까요? 최대 400만 원만큼 세액공제 혜택을 준다는 것은 결정된 세액에서 400만 원을 빼 준다는 말이 아니고, 400만 원 만큼에 대해 근로소득이 5,500만 원(종합소득은 4,500만 원)보다 많으면 12%, 적으면 15%의 세액공제 혜택을 준다는 말이니까 실제 절세액은 '400만 원×12%(또는 15%)'만큼이 되는 것이죠.

앞서 살펴본, 과세표준이 6,000만 원인 사람이 연간 400만 원을 연금저축에 넣으면, 이제 세율에 관계없이 400만 원×12%인 48만 원(지방소득세 포함 시 52만 8,000원)의 세금 혜택을 보게 됩니다. 소득공제일 때는 96만 원이었던 절세혜택이 48만 원으로 줄어든 것입니다. 서운하지만 세법이 바뀌어 그런 것이니 어쩔 수 없는 일입니다. 그러나 여전히 12% 또는 15%의 세액공제 혜택이 있다는 것은 연금저축만의 매력이라고 할 수 있습니다. 1년에 겨우 400만 원 납입했는데, 이자가 약 50만 원이나 된다고 생각하면 굉장히 큰 혜택이라고 볼 수 있는 것이죠.

또, 2022년까지는 연금저축 세액공제 한도가 연간 최대 400만 원(50세 이상은 600만 원)이었지만 2023년부터는 나이에 상관없이 600만 원으로 통일되었습니다. 누구나 연금저축에 가입하면 최대 72만 원(600만 원×12%)의 세제 혜택을 받을 수 있게 된 것이죠. 근로소득이 5,500만 원(종합소득 4천 500만 원)보다 적은 사람의 경우에는 15%의 세액공제를 받을 수 있으니 최대 90만 원(600만 원×15%)의 세제 혜택을 받을 수 있게 되었습니다.

※ 연금저축 세액공제

총급여액 (종합소득금액)	연금저축+IRP 총납입한도	연금저축 + IRP 세액공제 한도 (연금저축 세액공제 한도)	세액 공제율 (지방소득세 포함)
5,500만 원 이하 (4,500만 원 이하)	1,800만 원	900만 원 (600만 원)	15% (16.5%)
5,500만 원 초과 (4,500만 원 초과)			12% (13.2%)

연금저축 세액공제 한도가 확대됨에 따라 IRP를 포함한 총 세액공제 한도도 700만 원에서 900만 원으로 늘었습니다. 연금저축과 IRP를 합쳐 연간 최대 한도인 900만 원을 넣게 되면 근로소득이 5,500만 원(종

합소득은 4,500만 원)보다 많은 경우 108만 원(900만 원×12%), 적은 경우에는 135만 원(900만 원×15%)의 세액공제 혜택을 받을 수 있게 되었습니다.

※ 연금저축 + IRP 최대 공제 세액

총급여액 (종합소득금액)	연금저축 세액공제 한도	연금저축+IRP 세액공제 한도
5,500만 원 이하 (4,500만 원 이하)	90만 원 (지방세 포함 99만 원)	135만 원 (지방세 포함 148.5만 원)
5,500만 원 초과 (4,500만 원 초과)	72만 원 (지방세 포함 79.2만 원)	108만 원 (지방세 포함 118.8만 원)

이처럼 연금저축에는 세제 혜택이라는 큰 장점이 있지만 그에 못지않은 단점도 있습니다. 그것은 연금저축을 중도에 해지를 하면 해지환급금 전체에 대해 15%, 지방소득세를 포함하면 16.5%의 기타소득세가 부과되어 그동안 세액공제 받았던 혜택을 거의 다 토해 내야 한다는 것입니다. 그리고 연금을 받을 때도, 70세 전까지는 5.5%, 80세 전까지는 4.4%, 그 이후에는 3.3%의 연금소득세를 내야 합니다.

한마디로 연금저축의 의미는 "당신의 노후를 국가가 책임져 줄 수 없으니 연금저축에 가입해서 당신 스스로 노후를 준비해라. 그럼 국가는 당신이 돈을 내는 동안에는 세제 혜택을 주고, 연금을 받을 때도 세금을 적게 떼겠다. 대신, 중간에 해지를 하면 그동안 준 세제 혜택을 회수하겠다"라는 것입니다. 당장 연말정산 때 세금을 줄일 요량으로 연금저축에 가입했다가 중도에 해지를 하는 우를 범해서는 안 되겠습니다.

연금저축 상품 종류와 선택 방법

기대수명이 지속적으로 늘어남에 따라 국민연금이나 퇴직연금만으로는 노후준비가 부족할 수 있습니다. 따라서 길어진 노후에 잘 대비하려면 개인연금, 특히 연금저축에 가입할 필요가 있습니다. 다 같은 연금저축이지만 판매 기관에 따라 연금저축신탁, 연금저축펀드, 연금저축보험, 3가지로 나눌 수 있습니다. 각각 어떤 특징들이 있을까요?

'연금저축신탁'은 은행에서 가입할 수 있었습니다. 납입금액이나 납입 시기를 자유롭게 결정할 수 있는 자유납입 방식이고, 투자실적에 따라 수익률이 결정되는 실적배당형 상품이었죠. 채권 100%의 채권형과 주식 10% 미만의 안정형 상품 중에서 선택할 수 있고, 예금자보호법이 적용되는 상품이었지만 수익성이 너무 낮았고, 투자자산 활성화, 연금자산의 효율적인 운영을 기대하는 금융당국의 조치로 2018년부터 판매가 중지되었습니다.

자산운용사에서 판매하는 '연금저축펀드'는, 국내외 채권형, 혼합형, 주식형 등 다양한 투자 포트폴리오 구성을 통해 고수익을 추구하는 상품입니다. 연금저축신탁과 동일하게 자유납입 방식이고, 실적배당형 상품입니다. 납입과 인출의 자유, 높은 수익률, 자유로운 포트폴리오 구성 및 변경의 장점이 있으나 원금보장이 되지 않는 상품입니다.

'연금저축보험'은 일정 기간 동안 정해진 금액을 주기적으로 납입하는 상품입니다. 보험회사에서 가입할 수 있고, 공시이율에 따라 수익률이 결정됩니다. 공시이율은 시장금리와 보험회사의 자산운용수익률 등을 반영하여 매월 변동되지만, 공시이율이 아무리 하락하더라도 최저보증이율이 있어 그 이하로 떨어지지는 않습니다. 최저보증이율은 5년 미만, 10년 미만, 10년 이상 등으로 기간에 따라 회사마다 차이가 있습니다. 또 은행이나 증권사, 손해보험사에서 판매하는 연금저축은 연금을 확정 기간 동안만 받을 수 있는 반면, 생명보험사에서 연금저축보험은 연금을 확정 기간만 받을 수도 있고 종신토록 받을 수도 있습니다.

그럼 어떤 상품을 선택해야 할까요? 연금저축펀드는 주식, 채권시장이 좋으면 수익률을 높일 수 있지만, 반대로 주가가 큰 폭으로 하락하면 노후자금을 까먹을 위험도 커집니다. 연금저축보험은 공시이율이 적용되기 때문에 안정적이긴 하지만 수익률이 낮고 사업비가 있어 일찍 해지하면 손해가 날 수 있습니다. 장점만 갖춘 상품은 없습니다. 각각의 상품이 가진 장단점을 비교하여 자신의 저축, 투자 성향에 맞는 상품을 선택하면 되겠습니다.

05
연금보험

　연금보험은 일정 기간 동안 보험료를 내면 일정 시점부터 일정 기간 또는 평생 동안 연금을 받을 수 있는 보험으로 생명보험회사에서 판매하는 상품입니다. 연금보험은 연금지급에 필요한 적립금을 어떤 식으로 쌓는지에 따라 3가지로 나뉩니다. 적금처럼 매달, 일정 기간 동안, 일정액을 공시이율을 적용하여 연금지급 개시 시점까지 쌓은 후 연금으로 지급하는 일반 '연금보험'이 있고, 같은 방식이지만 '투자수익률'로 적립금을 쌓는 '변액연금보험'이 있으며, 적금이 아닌 예금처럼 목돈을 한 번에 예치하고 곧바로 연금을 받는 '즉시연금보험'이 있습니다.

※ 연금상품 종류

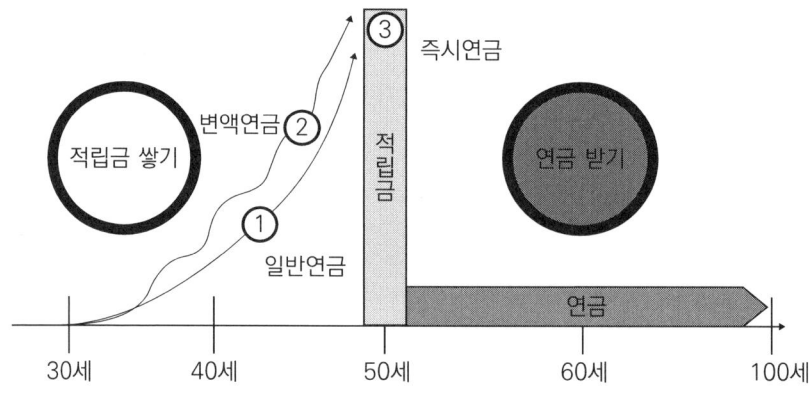

일반 연금보험

일반 연금보험은 시중금리와 연동된 공시이율로 쌓은 적립금에 따라 연금액이 결정되는 상품입니다. 공시이율은 금리연동형 저축성보험의 적립금에 부과되는 금리인데, 보험회사의 운용자산 이익률과 은행의 정기예금이율, 국고채 수익률 등 외부 수익률이 반영된 공시기준이율에 회사별 조정률을 감안하여 매월, 분기 등 일정 기간마다 고객의 보험금에 적용되는 이율을 말합니다. 적금을 할 때 금리가 높을수록 더 많은 돈을 모을 수 있듯이, 공시이율이 높으면 적립금이 많이 쌓여 받을 수 있는 연금액이 많아지고, 공시이율이 낮으면 적립금이 적게 쌓여 연금액도 줄어들게 됩니다.

그런데 일반 연금보험은 금리가 떨어질 것에 대비하여 '최저보증이율'을 두고 있습니다. 최저보증이율은 금리가 아무리 떨어져도 최소 그 정도의 금리는 보장을 하겠다는 것으로, 회사에 따라 가입 후 5년 이내에는 1.25%, 5년 초과 10년 이내는 1.0%, 10년이 넘은 경우는 0.5%처럼 최저보증이율을 차등 적용하고 있습니다. 따라서 일반 연금보험은 안정적이기는 하지만, 저금리 기조가 이어질 경우 높은 수익률과 많은 연금액을 기대하기는 어렵습니다.

변액연금보험

물가가 오르면 돈의 가치는 줄어듭니다. 2000년에 3,000원 정도였던 짜장면 값이 요즘은 7,000원 정도 합니다. 2000년에는 100만 원을 가지고 짜장면을 333번 먹을 수 있었지만, 지금은 100만 원으로는 142번밖에 못 먹습니다. 물가가 매년 2%씩 오른다면, 현재 100만 원의 가치는 10년 뒤에는 820,000원, 20년 뒤에는 673,000원, 30년 뒤에는 552,100원으로 떨어집니다. 이 말은 40세 남자가 연금에 가입하여 20년 뒤에 100만 원을 받는다면, 그 100만 원은 지금 돈 673,000원의 역할밖에 못 하게 된다는 말과 같습니다.

변액연금보험은 변액보험 중 하나로 갈수록 떨어지는 돈의 가치를 지킬 수 있도록 만들어진 연금입니다. 변액보험은 보험과 펀드가 결합된 상품으로, 계약자로부터 받은 보험료 중 일부를 펀드에 투자하여 나온 '투자수익률'에 따라 적립금과 연금액이 변하는 실적배당형 상품입니다. 예를 들어 보험료가 10만 원일 경우, 1만 원 정도는 보험모집이나 계약관리 비용, 위험보험료 등으로 쓰고, 9만 원 정도는 높은 수익을 낼 수 있는 주식, 채권, 펀드 등에 투자하여, 은행 금리 이상의 높은 투자수익을 추구하는 것이죠.

변액연금보험은 투자실적이 좋으면 적립금이 많이 쌓여 받을 수 있는 연금액도 커지지만, 투자실적이 나쁠 경우에는 적립금이 적게 쌓여 연금액이 줄어들 수 있습니다. 또, 실적배당형 상품의 특성상 투자 위험은 계약자가 부담하게 되며, '예금자보호법'의 적용을 받지 못합니다. 그리고 해지환급금에 대해서는 최저보증이 되지 않아 내가 낸 돈보다 해지환급금이 적은 원금손실의 가능성도 있습니다. 그리고 10년 이상 유지 등 비과세 요건을 충족하면 15.4%의 이자소득세를 면제받을 수 있는 것은 다른 저축성보험과 마찬가지입니다.

즉시연금보험

즉시연금보험은 말 그대로 목돈을 일시에 납입한 뒤 곧바로 일정 기간 동안 또는 평생 연금을 받을 수 있는 상품입니다. 은퇴를 앞두고 있거나 이미 은퇴를 해서 개인연금에 가입할 시기를 놓친 경우에 가진 자산을 연금화할 수 있는 대표적인 상품이 즉시연금보험이죠. 보통 연금보험은 일정 기간 동안 돈을 내고, 일정 기간 동안 돈을 거치한 뒤, 정해진 날에 돈을 받을 수 있지만, 즉시연금보험은 말 그대로 돈을 납입한 즉시 효력이 발생해, 빠르면 다음 달부터 바로 연금을 받을 수 있습니다. 별다른 수입 없이 모아 둔 돈으로 노후생활을 하는 사람들에게 적합한 상품이라고 할 수 있습니다.

즉시연금보험은 고객이 맡긴 돈을 어떤 식으로 굴리는지에 따라 금리형, 투자형, 달러형 등으로 나뉩니다. 금리형은 공시이율에 따라, 투자형은 주식, 채권, 펀드 등에 투자한 결과에 따라, 달러형은 달러의 가치에 따라 연금액이 달라지게 됩니다. 금리형은 은행 적금처럼 안정적이지만 수익성이 떨어지고, 투자형과 달러형은 금리형에 비해 수익성은 높을 수 있지만, 투자 위험이 존재합니다. 또 즉시연금보험의 연금지급 방식에는 평생 동안 연금을 지급하는 종신형, 일정 기간 동안만 지급하는 확정형, 연금을 지급하다가 피보험자가 사망하면 상속인에게 원금을 돌려주는 상속형 등이 있습니다.

연금저축보험과 연금보험

연금저축보험이나 연금보험은 노후 대비를 목적으로 하는 상품이고, 생명보험회사에서 판매하는 상품이라는 점에서 공통점이 있습니다. 보험료 납입을 통해 축적된 재원을 기반으로 연금을 지급하는 상품인 것이죠. 두 상품 모두 공시이율에 따라 보험료가 적립되고, 금리가 아무리 낮아져도 최저보증이율에 따른 보장을 받을 수 있으며, 보험상품이기 때문에 특약에 가입하면 필요한 보장을 준비할 수도 있고 세제 혜택이 있다는 점도 유사합니다.

그런데 연금보험은 세제 혜택을 받는 시점이 연금저축보험과 다릅니다. 연금저축보험은 보험료를 납입하는 기간에는 세액공제 혜택을 받고, 연금을 받는 기간에는 세금을 내야 하는 상품이지만, 연금보험은 보험료를 납입하는 기간에는 세제 혜택이 없는 대신, 연금을 받을 때는 일정한 조건을 갖추면 세금을 내지 않아도 되는 상품입니다.

※ 장기저축성보험 비과세 조건(출처: 소득세법 시행령)

일시납 보험	월 적립식 보험	종신형 연금보험
· 계약기간 10년 이상 · 1인당 납입 한도 1억 원 　(2017년 4월 이후 가입 시)	· 계약기간 10년 이상 · 납입기간 5년 이상 · 보험료 월 150만 원 이하	· 계약자=피보험자=수익자 · 55세 이후 연금 개시 · 사망할 때까지 연금수령 · 보증 지급기간 ≤ 기대여명

일반적으로 저축을 통해 생긴 이자에는 14%(지방소득세 포함 15.4%)의 이자소득세가 부과되듯이 보험에 가입하여 생긴 이익에 대해서도 이

자소득세를 매기는 것이 당연하지만, 위 표와 같은 일정한 조건을 갖춘 경우 세금을 면제받을 수 있는데 이를 '보험차익 비과세'라고 합니다. 예를 들어 보험료로 1,000만 원을 냈는데, 해지환급금이 1,200만 원이라면 200만 원이 보험차익인데 이 200만 원에 대해 이자소득세를 물지 않아도 되는 것이죠.

그리고 연금보험은 보험료를 납입하는 동안 세액공제 혜택을 받지 않았기 때문에 중간에 해지를 하더라도 연금저축보험처럼 기타소득세를 내지 않아도 됩니다. 다만 가입 후 10년 이내에 해지할 때 그동안 납입한 총 보험료보다 해지환급금이 더 많은 경우에는 저축처럼 이자소득이 발생한 것으로 보아 이자소득세가 부과됩니다. 또, 연금저축보험은 55세 이후에 연금을 수령할 수 있지만, 연금보험은 45세부터 가능하기 때문에 빠른 은퇴를 준비하고자 하는 사람들에게 더 어울리는 상품이라고 할 수 있습니다.

※ 연금저축보험 VS 연금보험

구분		연금저축보험	연금보험
연금 납입 시	납입한도	연간 1,800만 원	없음
	세제혜택	연간 납입한 보험료 중 600만 원까지 12% or 15% 세액공제 (지방소득세 포함 13.2% or 16.5%)	없음
중도 해지 시	과세여부	기타소득세 15% 원천징수 (지방소득세 포함 16.5%)	10년 이상 유지 등 조건 충족 시 비과세
연금 수령 시	연금개시시점	만 55세 이후 (수령시기 선택 가능)	만 45세 이후 (수령시기 선택 가능)
	과세여부	·연 1,200만 원 초과 수령 시: 종합과세 ·연 1,200만 원 이하 수령 시: 분리과세 ·연금소득세 3%~5% (지방소득세 포함 3.3%~5.5%)	10년 이상 유지 등 조건 충족 시 비과세

연금저축보험이나 연금보험 모두 노후 대비와 절세 등의 이점이 있습니다. 굳이 효용을 따지자면 연금저축보험은 연말정산이나 종합소득신고를 할 때 세액공제 혜택이 필요한 직장인이나 자영업자에게 유리하고, 연금보험은 노후에 더 많은 연금을 받고자 하는 사람이나 금융소득 종합과세 대상자, 주부, 학생 등에게 유리한 상품이라고 할 수 있죠. 그리고 두 상품 모두 장기 상품이고 중간에 해지를 하면 손해를 입을 수도 있으니 직업, 납입 능력, 가입 기간 등을 잘 따져서 가입하고 특히 해약에는 신중을 기할 필요가 있습니다.

CHAPTER 6

은퇴준비에도 순서가 있습니다

01
은퇴설계 4단계

누구나 그럴싸한 은퇴를 꿈꿉니다. 함께 일하던 동료나 후배들로부터 존경과 아쉬움과 축하의 꽃다발을 받고 의기양양하게 집으로 돌아오는 것 말이죠. 그리고 말합니다. "여보! 나 집에 돌아왔어. 영원히…" 마침내 더 이상 일도 없고(No Job), 스트레스도 없고(No Stress), 월급도 없는(No Pay) 새로운 세상이 열린 것입니다.

◎ 은퇴는 새로운 문제의 시작

사전적 의미에서 은퇴(Retire)는 새로운 인생의 시작입니다. 다시(Re) 타이어(tire)를 바꿔 끼우는 일이죠. 어떤 의미에서는 결혼과 마찬가지입니다. 결혼이 이편의 삶을 잊고 '레테(Lethe)'라고 하는 '망각의 강'을 건너서 저편의 삶을 찾아가는 일이듯이, 은퇴 역시 직업적인 삶을 잊고, '퇴직'이라고 하는 '혼돈의 강'을 건너 또 다른 삶을 찾아가는 일이죠.

미국의 유명한 프로야구 선수였던 '요기 베라'가 한 말이 있습니다. "끝날 때까지 끝난 게 아니다(It ain't over till it's over)"라는 말이죠.

'끝까지 포기하지 말자'는 말이지만, 은퇴와 연결지어 생각하면, "퇴직과 함께 일은 끝나지만, 인생이 끝난 것은 아니다"라는 말이 됩니다. 은퇴 후 또 다른 삶이 있습니다. 그것은 '새로운 문제의 시작'일 수 있습니다.

기대여명은 늘어나고 퇴직 연령은 앞당겨져 은퇴 후에 보내야 할 시간이 너무 많아지고, 일이 없으니 스트레스도 없을 것 같지만, 일이 없는 것이 더 큰 스트레스일 수 있으며, 소득도 없으니 누군가를 만나고, 무언가를 하며, 시간을 보내고 스트레스를 줄이기도 힘듭니다. 그래서 '은퇴'는 설렘과 두려움이 교차하는 '혼돈의 강'을 건너는 일입니다.

은퇴준비 얼마나 잘하고 있나?

위험에 대한 깊은 통찰을 보여 주는 『이유없는 두려움』의 저자 '댄 가드너'는 "우리는 역사상 가장 건강하고 부유하며 장수하는 사람들이다. 그런데도 우리의 두려움은 갈수록 커지고 있다. 우리 시대에 이만한 역설이 또 있을까?"라고 의문을 제기했습니다. 인류 역사상 전쟁이나 내란이 일어날 위험은 어느 시대보다 적은 오늘날, 그 두려움의 실체는 바로 노후에 대한 불안감입니다.

10여 년 전 『동아일보』에 "우리나라 사람들의 노후에 대한 불안감이 최고"라는 기사가 실렸습니다. 선진국은 물론 우리나라보다 소득수준이 낮은 나라의 사람들보다 더 노후에 대한 두려움이 크다는 내용이었습니다. 빠른 속도로 고령화가 진행되고 있지만 우리나라 사람들 대부분이 노후 대비를 충분히 못 하고 있기 때문이라는 것이었죠.

10년이 지난 지금은 어떨까요? 2020년 잡코리아와 알바몬에서 30·40대 직장인 2,385명을 대상으로 설문조사에서 4명 중 3명은 노후준비를 잘하지 못하고 있는 것으로 나타났습니다. 매달 꼬박꼬박 월급이 나오는 직장인들도 이 모양인데, 다른 계층의 사람들이라고 잘하고 있을까요? 10여 전과 비해 달라진 게 거의 없는 실정인 것이죠.

'핑계 없는 무덤 없다'고 우리나라 사람들이 '노후준비를 못 하는 이유'는 다양합니다. 대표적인 몇 가지를 보면, '소득 자체가 적다', '자녀 교육비나 결혼 자금이 너무 많이 든다', '집을 구매하거나 전세로 사는 데 따른 대출금 상환 부담이 크다' 등이 있습니다. 그 외에 '빠른 물가상승', '자산관리나 은퇴설계 관련 정보 및 지식 부족', '노후는 미래의 일이라는 생각' 같은 것들도 있습니다. 현실의 무게가 노후에 대한 두려움을 압도하고 있습니다.

은퇴설계 프로세스

아무리 젊어도 언젠가 직업 전선에서 물러날 때가 옵니다. 이는 봄이 가면 여름이 오고, 여름이 가면 가을이 오는 것과 같습니다. 인생의 겨울이 왔을 때 후회하지 않으려면 그 전에 준비를 해야 합니다. 봄에 씨를 뿌리고, 여름에 열심히 키워서 가을에 결실을 보는 농부의 마음으로 은퇴를 준비해야 합니다. 그것이 세상을 살아가는 이치입니다.

1년 농사에도 순서가 있듯이, 은퇴준비에도 순서가 있습니다. 그것을

'은퇴설계 프로세스'라고 합니다. 그 첫 번째는 목표를 세우는 것입니다. 목표가 없이 저절로 되는 일은 없습니다. 목표는 모든 일의 원동력입니다. 목표가 크고, 구체적이고, 선명할수록 그 목표에 다가가기 쉽습니다. 언제 은퇴를 해서 어떻게 살 것인지, 내가 살고 싶은 노후의 모습을 그리십시오. 그리하여 그 목표가 당신을 인도하게 하십시오.

'돈'만 가지고 생각하면 은퇴설계의 두 번째는 '은퇴에 필요한 자금'과 '은퇴 시점까지 준비할 수 있는 자금'을 비교해 '부족자금'을 구하는 것입니다. 이를 식(式)으로 표현하면 '목표자금-준비자금=부족자금'이 됩니다. 부족자금은 욕망과 현실의 차이인 갭(Gap)입니다. 경영의 구루(Guru) 피터 드러커가 말했죠. "측정할 수 없으면 개선할 수 없다"라고 말입니다. 정확한 갭의 크기를 알아야 적절한 해결책을 구할 수 있습니다.

세 번째는 갭을 줄일 수 있는 방법을 찾는 일입니다. 부족자금을 줄이는 방법 중 하나는 목표자금의 크기를 줄이는 것이고, 또 하나는 준비자금의 크기를 늘리는 것입니다. 법정 스님이 말한 '무소유'처럼 노후에 그다지 필요하지 않을 것 같은 욕심으로부터 한 걸음 더 물러나거나, 더 착실한 준비를 통해 원하는 목표에 한 걸음 더 다가서는 것이죠. 어느 방법이 더 좋을지는 각자가 판단할 몫입니다.

마지막으로 네 번째는 계획하고 준비한 것들을 실행에 옮기고 고쳐나가는 일입니다. 시간이 가고 나이가 들고 성숙해질수록 세상과 자신을 보는 관점도 변해 계획 자체를 바꿔야 하는 경우가 생길 수 있고, 금리나 물가, 투자수익률 등이 변해 계획을 조정해야 하는 경우도 생길 수 있습니다. 나만의 '컨틴전시(contingency) 플랜'을 만들어 은퇴 시점까지 다양한 상황 변화에 능동적으로 대처해야 하겠습니다.

※ 은퇴설계 FLOW

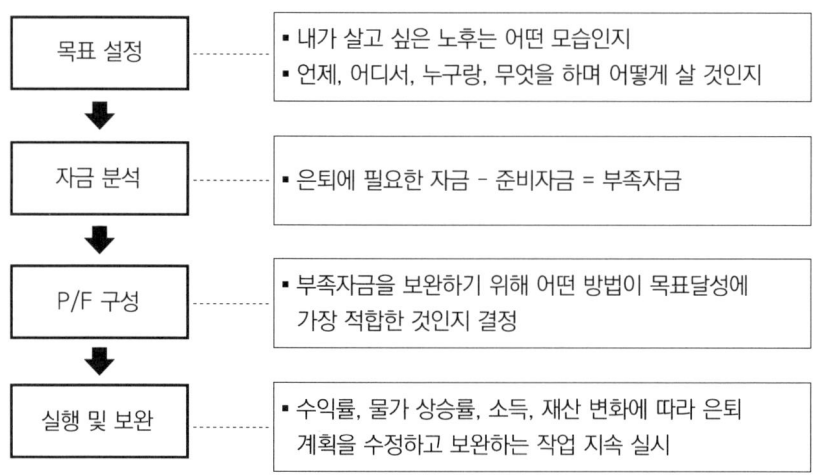

은퇴설계는 집을 짓는 것과 같습니다. 어떤 집을 짓겠다는 목표를 가지고, 그 집을 짓는 데 필요한 비용과 가용한 자금을 비교한 후, 부족한 자금을 조달해서, 실제로 집을 짓고, 살아가면서 고치고 수선하는 것처럼 은퇴설계도 유사한 프로세스로 이루어진다는 말이죠. '진짜로 두려워해야 할 것은 두려움뿐'이라고 합니다. 막연한 두려움을 갖기보다는 연필을 들고 백지 위에 은퇴 후 되고 싶은 당신의 모습부터 그려 보십시오.

02
은퇴 목표 설정

석유왕 록펠러는 "목표를 높은 곳에 두어야 한다. 똑같은 노력을 하지만 사실은 목표의 크기만큼 노력하게 된다"고 말했습니다. 쉽게 말하면, 서울대가 목표인 학생은 서울대에 갈 수 있을 만큼 죽기 살기로 공부하고, 지방대가 목표인 학생은 거기에 맞춰 대충대충 공부한다는 것입니다. 무슨 일을 하든지 자신의 한계를 넘는 도전적인 목표를 가져야 거기에 맞춰 열심히 노력하게 되고 성공할 수 있다는 것이죠.

2022년 정부의 GDP 성장률 목표는 3.1%이었고, 삼성전자의 매출목표는 정확하지는 않지만 300조 원 이상이었을 것으로 보입니다. 이런 목표들은 알기 쉽게 수치로 표현되어 있고, 달성 기한은 1년이며, 국민들이나 삼성전자 임직원들이 최선을 다해야 달성할 수 있는 높은 목표들입니다. 구체적이야 하고, 측정이 가능해야 하며, 언제까지 달성해야 하는지 기한이 정해져 있어야 한다는 목표설정 조건에 부합하는 목표들인 것이죠. 은퇴설계도 그렇게 하는 것이 좋습니다.

회사 계획만 세우지 말고 나 자신의 계획도 세우자

 연말이 되면 정부나 대기업 같은 거대 조직에서부터 소규모 자영업체에 이르기까지 거의 모든 조직에서 다음 해의 경영목표를 세우고 목표 달성을 위한 전략을 수립하기 위해 바쁩니다. 조직 내 하위 부서들도 목표와 전략에 대한 가이드라인을 기초로 실행계획을 만들고 필요 인력과 예산을 요청하고 조정을 받는 작업을 합니다. 이런 일은 어떤 조직에서나 매년 벌어지는 일인데, 목표와 전략이 있기 때문에 조직이 성장하고 발전합니다.

 어떤 회사에나 경영목표와 전략을 세우고 그것을 실행에 옮기고, 목표 대비 어디쯤 가고 있는지 체크하고, 문제점이 발견되면 전략을 수정하며, 더 나은 발전 방향을 찾기 위해 노력하는 사람들이 있습니다. 그 회사에서 월급 받고 일하는 회사원들입니다. 기획을 담당하던, 마케팅을 담당하던, 영업부서에서 일하던 회사 발전을 위한 계획을 세우고 성과를 내는 데는 탁월합니다. 그런데 한 가지 못하는 것도 있습니다. 바로 자신을 위한 계획을 세우는 데는 서툴다는 것입니다.

 은퇴설계도 마찬가지입니다. 회사 생활은 짧고 인생은 깁니다. 그런데도 짧은 회사 일에 몰두하느라 정작 중요한 자신의 인생에 대한 계획을 잘 못 세우는 것이죠. 아무리 부정하려고 해도 퇴직할 시점은 다가오는데, 언제쯤 은퇴를 할 것인지, 은퇴에 필요한 돈은 얼마나 되는지, 어떻게 필요자금을 모을 것인지 잘 따져 보고 계획을 세워서 차근차근 준비를 해야 하는데 그렇게 하지 못하는 것이죠. 남의 계획은 잘 세워 주면서 자신의 계획은 그렇지 못한 것은 스님이 제 머리를 못 깎는 격입니다. 지금 오늘은 늘 남은 인생의 첫 번째 날입니다. '늦었다는 생각이 들 때가 가장 빠른 때'이기도 합니다. 바로 은퇴설계를 시작해야 합니다.

나는 언제 은퇴할 것인가?

은퇴설계의 첫 번째는 '언제까지 일을 할 것인가'를 결정하는 일입니다. 퇴직은 현직에서 물러나는 것으로 본인 의사와 관계없이 비자발적으로 이루어집니다. 법적인 정년은 60세이지만 실제 퇴직 나이는 직업별로 차이가 많습니다. 변호사, 법무사, 스님은 70세가 정년이고, 교수, 약사, 의사, 한의사, 치과의사, 목사, 소설가 등의 정년은 65세, 교원은 62세, 일반 육체노동자를 포함한 대부분의 업종은 60세가 정년이고, 운동선수는 40세, 골프장 캐디는 35세가 정년이라고 합니다. 그러니까 일반 직장에 다닌다면 60세가 정년인데, 실제로 60세까지 근무하는 사람들이 얼마나 될까요?

미래에셋투자와 연금센터에서 55세에서 64세 사이에 있는 사람들을 대상으로 조사한 자료에 따르면, 그분들이 주된 일자리에서 퇴직한 나이는 평균 49.3세, 평균 근속기간은 12.8년입니다. 법정 정년에 비해 약 11년이나 먼저 퇴직을 하다 보니 뭔가 또 다른 일자리를 구할 수밖에 없어, 실제로 퇴직하는 연령은 2018년 기준 72.3세라고 합니다. 2021년 기준으로 국민연금 수급연령이 62세인데, 국민연금을 받아도 부족하니까 10년 이상 더 일한 후에 노동시장의 굴레에서 벗어난다는 말이죠.

70이 넘도록 일을 하고 싶은 사람은 아마 없을 것입니다. 여름이 길지 않듯이 퇴직은 생각보다 빨리 올 수 있습니다. 은퇴 시점을 미리 정하고 가능한 한 개미처럼 열심히 모아야 되겠습니다.

은퇴 후에 나는 어떻게 살 것인가?

은퇴 후에는 돈이 얼마나 필요할까요? 통계청의 '2019년 연간 지출 가계동향조사 결과'에 따르면 65세 이상 부부 가구의 월평균 지출액은 159만 1,000원이었습니다. 이는 부부와 미혼자녀로 이루어진 가구의 월평균 지출 352만 2,000원, 65세 미만 부부 가구 259만 7,000원과 비교할 때 45%에서 61% 수준입니다. 젊었을 때에 비해 지출이 많이 줄어든 것이죠. 그럼 그 돈을 어디에 쓰는 것일까요? 통계에 따르면 식료품이나 비주류음료 구입 비용이 35만 1,000원(22.0%)으로 가장 많고, 보건비용이 28만 6,000원(18.0%)으로 그다음입니다. 그 외 주거·수도·광열비, 음식·숙박비, 교통비 순으로 많았습니다.

통계를 보면 은퇴 후 먹고 쓰는 데 드는 비용과 병원에 다니는 비용이 압도적으로 높은 것을 알 수 있습니다. 퇴직을 했다고 밥 먹고, 병원 다니는 데만 돈이 드는 것이 아닙니다. 사람도 만나야 하고, 경조사비도 내야 하고, 취미 활동도 해야 하고, 가끔 여행도 다니고, 외식도 해야 합니다. 그래서 2000년대에 들어서 은퇴 후의 삶에 대한 관심이 높아지면서 여러 금융기관에서는 은퇴 후 생활패턴에 따른 기준을 정하고 각 기준별로 필요한 자금을 제시했습니다. 다음의 표도 그중의 하나입니다.

※ 2000년대 초 은퇴 후 생활비 예시

구분	기본적인 생활	여유로운 생활	풍요로운 생활
기본생활비용	120만×12개월=1,440만		
취미/운동	등산, 배드민턴	10만×2인×12개월 =240만(수영, 헬스)	20만×2인×12개월 =240만(골프)
헬스클럽 회비	-	-	200만×2인=400만
차량 유지비	20만×12개월=240만	30만×12개월=360만	40만×12개월=480만
경조사	5만×2회×12개월=120만	5만×4회×12개월=240만	10만×4회×12개월=480만
외식비	10만×1회×12개월=120만	20만×1회×12개월=240만	20만×2회×12개월=480만
여행 경비	100만(국내)	700만/2(해외)+150만 (국내)=500만	800만/2(해외)+200만 =1,000만
여유생활비 소계	580만	1,340만	3,320만
연간 노후생활비 (35세 현재가치)	2,020만	2,780만	4,760만
60세 시점 미래가치	5,385만	7,411만	12,689만

먼저, 월 150만 원 정도면 기본적인 생활이 가능하다고 보았습니다. 가장 기본적인 의식주 관련 비용, 의료 비용은 충당이 가능하고, 문화생활을 하기에는 부족함이 많지만 농촌에 산다면 비교적 여유로운 생활도 가능하다고 판단한 것이죠. 두 번째로 월 200만 원 정도면 대도시에서 보통 수준의 생활이 가능하고, 농촌에서는 여유롭게 살 수 있다고 보았으며, 세 번째로 월 300만 원 정도면 부부가 대도시에서도 다양한 여가생활을 할 수 있고, 건강관리도 잘 할 수 있다고 본 것이죠. 그때에 비해 벌써 시간이 많이 지났고, 물가도 많이 올랐지만, 지금도 어느 정도는 타당한 기준으로 보입니다.

은퇴설계의 첫 단계는 은퇴에 대한 밑그림을 그리는 것입니다. 먼저 언제쯤 일을 그만둘 것인지를 결정해야 합니다. 그럼 은퇴 후에 보내야 할 시간이 나옵니다. 은퇴 후 언제까지 살 수 있을지는 모르지만, 기대수명까지만 산다고 가정을 해도 기대수명에서 은퇴 연령을 빼면 은퇴 후 생활 기간이 나옵니다. 그다음에는 은퇴 후 어떤 삶을 살 것인지 고민해야 합니다. 기본적인 생활을 할 것인지, 좀 더 여유로운 생활을 할 것인지, 풍요로운 노후를 보낼 것인지 결정하는 것이죠. 설계도가 있어야 집을 지을 수 있듯이, 은퇴 후의 삶도 그렇습니다. 노후가 불안할수록 설계도부터 그리십시오.

03
은퇴자금 분석

 은퇴 목표를 수립했으면 이제 은퇴 후 필요자금과 은퇴 시점까지 준비할 수 있는 자금을 비교해 보아야 합니다. 필요자금이 꿈이라면 준비자금은 현실입니다. 꿈과 현실의 차이가 얼마나 되는지 알아보아야 합니다. 꿈을 꾸는 것은 자유지만 현실은 그 꿈을 박살 낼 수도 있습니다. 그 차이를 알아야 하는 것이죠.

난쟁이 행렬

 네덜란드의 경제학자 '얀 펜'은 영국 사람들을 소득을 기준으로 일렬로 세운 후 1시간 동안 걷게 했을 때의 모습을 통해 '평균의 함정'을 말했습니다. 키는 소득에 비례합니다. 맨 처음에는 머리를 땅에 처박은 사람들이 나타납니다. 소득이 마이너스인 사람들입니다. 그다음에는 키가 1m도 안 되는 사람들이 나타납니다. 아르바이트를 하는 주부, 신문 배달을 하는 소년, 연금을 받는 노인들입니다. 그다음에는 키가 1m가 조금 넘는 청소부 등 임금노동자들이 나타나고 조금씩 키가 더 큰 사람들이 나타납니다. 하지만 한참이 지나도 좀처럼 키가 큰 사람들은 나타나지 않습니다. 다 소득이 고만고만한 것이죠.

평균 키를 가진 사람, 다시 말해 평균소득을 가진 사람이 나타나는 것은 1시간의 절반인 30분쯤이 아니라 48분쯤입니다. 평균소득을 가진 사람이 지나가고 나면 빠르게 키가 큰 사람들이 나타납니다. 마지막 6분을 남기고는 소득 상위 10%에 해당하는 대기업 직원들이 나타나는데 키가 2m가 넘습니다. 이어서 등장하는 고위직 공무원, 대기업 엔지니어의 키는 5m, 마지막 1분을 남기고 등장하는 대학교의 키는 8m, 그 뒤에 등장하는 회계사, 의사, 변호사의 키는 거의 20m입니다. 마지막 몇 초 동안에는 대기업 중역들이라고 하는 거인들이 등장하고 맨 마지막에는 키가 하늘까지 닿는 대기업 총수들이 등장합니다.

우리나라 노인들을 소득순으로 세우면 어떤 모습이 나올까요? 앞서 살펴본 대로 2019년 기준 우리나라 65세 이상 고령 가구의 월평균 지출액은 159만 1,000원입니다. 그런데 평균만 생각해서는 안 됩니다. 평균에는 함정이 있습니다. 현재 65세 이상 고령자는 약 850만 명쯤 됩니다. 그중에는 소득이 전혀 없어 국가의 공공부조를 받지 않으면 살기 힘든 노인들도 있고, 한 달에 수백만 원씩 사용하는 노인들도 있을 겁니다. 우리나라 노인 가구 월평균 지출이 약 160만 원이니까 '나도 노후에 그 정도면 살겠구나' 하고 생각하면 안 된다는 말이죠. 그럼 나는 은퇴 후 필요 생활비를 얼마로 잡아야 할까요?

은퇴 후 필요자금

국민연금관리공단에서 전국 50세 이상 가구원이 있는 4천 531가구를 대상으로 조사한 '국민노후보장패널' 8차 조사 결과에 따르면, 노후 적정 월 생활비는 부부 가구 기준 약 268만 원입니다. 10년 전인 2009년에는 부부 가구 177만 1,000원이었던 것에 비추어 10년 동안 90만 원 이상 늘어났습니다. 2021년 4분기 우리나라 사람들의 평균 처분가능소득이 378만 3,000원과 비교하면 70%를 넘는 수준입니다. 10년 동안 물가상승분을 감안해도 많이 높아진 것입니다. 좀 더 여유로운 노후에 대한 기대감이 더 커졌다고 할까요? 더구나 서울에 사는 분들이 희망하는 노후 적정 월 생활비는 약 320만 원이나 됩니다. 여러 통계자료를 감안할 때 적어도 이제 은퇴 후 월 300만 원은 있어야 될 것 같습니다.

※ 중고령자 인구 특성별 주관적 노후 필요 생활비 수준(출처: 국민연금관리공단)

구분		최소 노후생활비		적정 노후생활비	
		부부기준	개인기준	부부기준	개인기준
전체		194.7	116.6	267.8	164.5
성별	남	201.1	120.7	276.1	169.8
	여	190.2	113.7	261.8	160.7
연령	50대	215.4	129.7	296.1	182.3
	60대	199.3	118.4	275.4	167.3
	70대	172.4	104.2	235.5	146.8
	80대 이상	155.2	91.3	213.5	130.3
거주지역	서울	224.4	137.3	319.1	194.8
	광역시	193.1	108.3	265.7	151.6
	도	186.0	113.8	252.3	160.6

노후생활비 월 300만 원을 기준으로 노후 필요자금을 계산하면 얼마나 될까요? 60세에 은퇴해서 현재의 기대수명인 83.3세까지 약 24년 동안 살면서 매월 300만 원씩을 쓴다면 8억 6,400만 원, 매월 200만 원씩 쓴다면 5억 7,600만 원이 필요합니다. 20년만 살고 기대수명보다 조금 빨리 사망한다고 해도 7억 2,000만 원, 기대수명보다 더 오래 살아 30년이면 10억 8,000만 원이 필요합니다. 은퇴 후 생활비를 낮춰 부부 기준 최소생활비 정도인 200만 원을 기준으로 해도 20년이면 4억 8,000만 원, 30년이면 7억 2,000만 원이 필요합니다. 이것도 큰돈이기 때문에, 65세 이상 고령 가구의 월평균 지출액인 약 160만 원을 기준으로 하더라도 20년이면 3억 8,400만 원, 30년이면 5억 7,600만 원이나 됩니다.

은퇴준비 자금

우리나라 사람들의 은퇴 후 소득은 얼마나 될까요? 간단하게 3층 보장의 측면에서 살펴볼까요? 먼저 국민연금은 2022년 5월 기준으로 인당 평균 수령액이 약 58만 원입니다. 다음으로 퇴직연금의 경우, 2020년 퇴직연금통계에 따르면 총 37만 4,357좌 중 1만 2,404좌만 연금 수령을 선택하고 나머지는 모두 일시금으로 찾아가 인당 평균 연금 수령액을 계산하는 것이 큰 의미가 없어 보입니다. 그리고 개인연금은 금융감독원의 '2020년 연금저축 운용현황' 나온 연금저축 계약당 연금 수령액이 월 24만 원 정도, 국내 보험사 중 가장 큰 삼성생명 가입자들의 2016년 월평균 수령액이 35만 원 정도였습니다.

2021년 11월 한국경제연구원에서 65세 이상 고령층을 대상으로 실시한 리서치 결과에 따르면 고령층의 83.9%가 공적연금을 수령하고 있는 반면 사적연금 수령자 비율은 21.8%에 불과했습니다. 노인 10명 중 2명 정도만 사적연금을 준비했다는 것이죠. 그리고 65세 이상 고령층 가구의 월평균 연금 수령액은 부부 가구 기준 138만 4,000원이었습니다. 국민연금 수령액이 인당 평균 58만 원이니 부부 가구라면 부부 합산 116만 원입니다. 거기에 개인연금 평균 수령액 24만~35만 원을 더하면 140만~151만 원이 되어야 하니 얼추 비슷한 수치가 나온 것이라고 할 수 있죠.

은퇴 후 부족자금

은퇴 후 필요한 월 생활비가 부부 기준으로 300만 원이라고 할 때, 국민연금과 개인연금으로 준비할 수 있는 자금 138만 4,000원을 빼면 160만 6,000원이 나옵니다. 은퇴 후 매월 부족자금입니다. 우리나라 노인들 중에는 부족자금이 크다고 느끼는 사람들이 많습니다. 2019년 하나경영연구소에서 내놓은 '국내 국민연금 수급자의 은퇴생활 보고서'에 따르면, 노후자금이 충분하다고 응답한 비중은 24.2%에 불과했습니다. 우리나라 노인 10명 중 7명이 노후자금 부족으로 고통받고 있다는 말입니다. 어떻게 해결해야 할까요?

우선, 희망하는 은퇴 후 필요 생활비를 300만 원에서, 250만 원, 200만 원으로 낮추면 부족자금은 줄어듭니다. 욕망의 크기를 줄이는 것이죠. 반대로 국민연금과 개인연금의 크기를 늘리거나 퇴직연금, 주택연금, 연금 등 다른 자금을 더 준비할 수 있으면 부족자금은 줄어듭니다. 노력의 크기를 더하는 것이죠. 그런데 나이가 들었다고 욕망의 크기를 줄이기는 쉽지 않습니다. 이미 노후 한 달 생활비 200만 원 또는 300만 원이라는 욕망 자체가 물가 등 경제 현실에 비추어 과도하다고 볼 수 없기 때문입니다. 한 살이라도 더 젊었을 때 준비할 수 있는 자금의 크기를 늘려야 합니다. 그것이 유일한 해결 방법 아닐까요?

04
은퇴자금 계산할 때 고려사항

일에는 순서가 있습니다. 겨울이 지나지 않았는데 봄이 오지 않고, 급하다고 바늘허리에 실을 매어 쓸 수는 없습니다. 돈의 가치는 자꾸 변합니다. 오늘의 기준으로 20년, 30년 뒤 쓸 돈을 계획하면 돈의 가치가 하락하여 은퇴 후 곤란한 상황에 처할 수 있습니다. 은퇴자금을 설계할 때 고려해야 할 점은 어떤 것들이 있을까요?

은퇴자금 설계는 거꾸로 하는 것

A라고 하는 35세인 사람이 60세에 은퇴를 한 후 85세까지 월 300만 원씩을 사용하며 산다면 A의 모습은 아래 다음과 같습니다.

※ 35세 은퇴설계

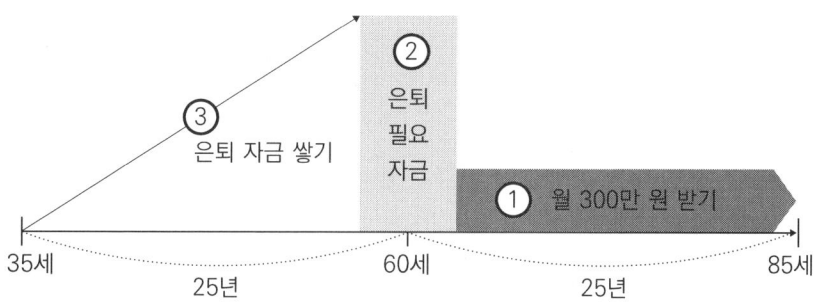

은퇴설계를 거꾸로 하는 것이 맞습니다. 일반적으로 은퇴준비라고 하면 특별한 생각 없이 연금을 받을 수 있는 상품에 매달 얼마를 넣을 것인지(③)만 생각하는데, 사실은 은퇴 후 얼마를 쓸 것인지(①)를 결정하는 것이 먼저라는 것이죠. 이것을 결정하고 나면 은퇴 시점까지 준비해야 할 필요자금의 규모(②)를 알 수 있고, 준비할 수 있는 시간이 얼마나 남았는지 알 수 있으니 필요자금을 모을 수 있는 방법(③)을 찾을 수 있게 되는 것입니다.

은퇴 후 월 300만 원을 받기 위해서는 은퇴 시점까지 일정 금액이 준비되어야 하는데, 이를 연금지급준비금 또는 적립금이라고 합니다. 이 적립금을 가지고 연금을 지급하는 것인데, 물탱크 속에 물이 들어 있어야 수도꼭지를 틀면 물이 나오는 것과 같은 이치입니다. 그럼 얼마가 쌓여 있어야 한 달에 300만 원씩을 받을 수 있을까요?

단순하게 생각하면, 60세에 은퇴 후 85세까지 25년 동안 월 300만 원씩 사용한다면 총 9억 원(300만×25년×12개월)이 필요합니다. 그런데 이 금액이 60세 시점에 다 있어야 할까요? 9억 원을 한 번에 다 쓰는 게 아닙니다. 매년 300만 원만 생활비로 사용되고 나머지는 일정한 수익률로 투자된다고 생각하면 9억 원보다 적은 금액만 있어도 됩니다. 가정을 어떻게 하는지에 따라 은퇴 후 필요자금의 크기는 달라지는 것이죠.

물가의 변동을 고려하자

그런데 물가의 변동에 따라 돈의 가치가 변합니다. 은퇴 후 생활비 월 300만 원은 1년으로 치면 3,600만 원입니다. 그런데 은퇴 시점이 현재가 아니라 25년 뒤인 60세 시점이기 때문에 물가상승률을 2%로 잡고 3,600만 원의 25년 뒤 미래가치를 구하면 5,906만 원이 됩니다. 25년 뒤에는 5,906만 원이 있어야 현재 돈 3,600만 원의 역할을 하는 것이죠.

그럼 60세에 은퇴한 후 85세까지 25년 동안 필요한 돈은 총 얼마나 될까요? 단순하게 '5,906만 원×25년' 하면 14억 7,650만 원이 되지만, 엑셀 함수를 이용하여 물가상승률(2%)과 은퇴 후 투자수익률(3%)를 반영하여 계산하면 '13억 1,667만 원'이 나옵니다. 이 금액은 현재가치로는 얼마나 될까요? 은퇴 전 투자수익률(5%)을 가지고 35세 시점의 현재가치로 환산하면 '3억 8,882만 원'이 됩니다.

※ 은퇴자금 계산

· 목표: 현재 35세, 60세 은퇴, 기대수명 85세, 은퇴 후 필요 생활비 월 300만 원
· 기준: 물가상승률 2%, 은퇴 전 투자수익률 5%, 은퇴 후 투자수익률 3%

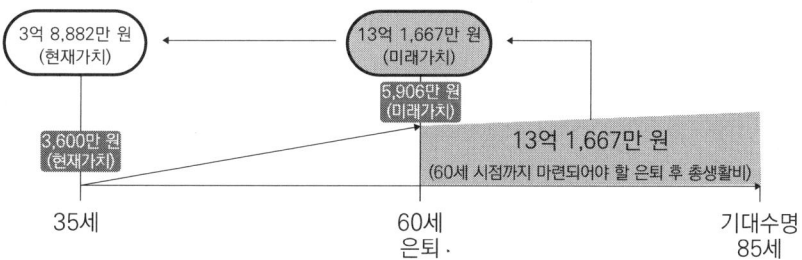

다시 말하면, 물가상승률 2%, 투자수익률은 은퇴 전 5%, 은퇴 후 3%의 가정하에, 35세인 사람이 은퇴 후 생활비로 월 300만 원을 확보하기 위해서는 60세 은퇴 시점까지 미래가치로 13억 1,667만 원이 있어야 하는데, 이 금액을 현재가치로 환산하면 3억 8,882만 원이라는 말입니다. 당장 먹고살기도 힘든데 금액이 너무 커 보입니다.

은퇴 후 필요자금은 은퇴 시점을 앞당기거나 물가상승률을 높이거나, 은퇴 전후 투자수익률을 낮추면 늘어납니다. 반대로 은퇴 시점을 늦추거나, 물가상승률을 낮추거나, 은퇴 전후 투자수익률을 높이면 줄어듭니다. 개개인의 상황과 가정에 따라 은퇴 후 필요자금의 크기는 달라지지만, 생각보다 많은 자금이 필요한 것은 분명합니다.

더구나 은퇴는 한참 뒤의 일이기 때문에 돈의 가치 하락을 고려해야 합니다. 2000년대 초 약 450원이었던 라면 한 봉지 가격이 지금은 약 800원입니다. 두 배 가까이 오른 것이죠. 현재 돈 100만 원의 가치는 물가가 2%만 올라도 25년 뒤 약 61만 원 수준으로 떨어집니다. 미래가치를 기준으로 은퇴자금을 계산하지 않으면 큰 낭패를 볼 수 있습니다.

준비자금을 확보할수록 부담이 줄어

앞에서는 월 300만 원의 은퇴자금이 필요한데, 준비한 게 아무것도 없다는 전제하에 계산을 했지만, 많은 사람들이 어떤 형태로든 은퇴준비를 하고 있습니다. 국민연금이나 퇴직연금, 개인연금 등을 통해 월

200만 원 정도를 확보할 수 있다면 어떻게 될까요? 그럼 월 100만 원만 추가로 준비하면 됩니다. 은퇴자금 부담은 얼마나 줄어들까요?

※ 추가 필요자금 계산

· 목표: 현재 35세, 60세 은퇴, 기대수명 85세, 은퇴 후 필요 생활비 월 100만 원
· 기준: 물가상승률 2%, 은퇴 전 투자수익률 5%, 은퇴 후 투자수익률 3%

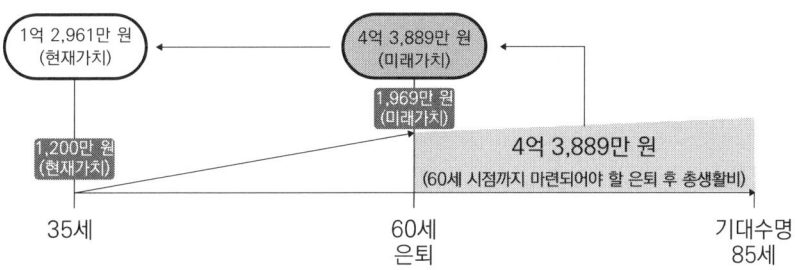

물가상승률 2%를 전제로 월 100만 원, 연간 1,200만 원의 25년 뒤 미래가치는 1,969만 원입니다. 여기에 물가상승률 2%, 은퇴 후 투자수익률 3%를 전제로 25년간 총 필요자금을 계산하면 미래가치로 4억 3,889만 원이 나옵니다. 은퇴 후 생활비 월 300만 원이라는 막연한 희망만 있었을 때 미래가치로 13억 1,667만 원이 필요했던 것에 비해 약 9억 원 가까이 줄었습니다. 준비할수록 부족자금 부담은 줄어듭니다. 모든 것이 그렇듯이 준비하는 자에게 복이 있고 은퇴설계도 그와 같습니다.

05
은퇴 후
부족자금 해결 방법

사람은 누구나 행복한 상태에 있기를 원하며 특히 노후에는 삶이 무사하고 평온하기를 바랍니다. 바라는 것이 많을수록 더 많은 돈이 필요합니다. 움직이면 다 돈이기 때문이죠. 바람을 줄여도 여전히 돈은 필요합니다. 늙었다고 밥만 먹고 살 수는 없기 때문입니다. 돈 없고 가난한 노후는 행복의 적입니다. 부족자금이 클수록 행복은 멀어집니다. 부족자금을 어떻게 줄여야 할까요?

3층 보장만 잘 준비해도 OK

은퇴 후 부족자금을 줄일 수 있는 방법은 여러 가지입니다. 가장 쉬운 방법은 3층 보장을 강화하는 것입니다. 이미 가입하고 있는 공적연금, 퇴직연금, 개인연금에 더 많이 내는 것이죠. 보험료를 더 내면 연금액이 올라가는 것은 당연한 일입니다. 국민연금 노령연금 예상 월액표를 보면, 소득이 100만 원일 때 보험료 9만 원을 10년 동안 납입하면 월

188,910원씩, 소득이 200만 원일 때는 보험료 18만 원을 10년 동안 내면 월 240,230원씩 평생 받을 수 있습니다. 다른 연금도 마찬가지입니다.

※ 국민연금 10년 가입 시 예상 노령연금

기준 소득월액	100만	200만	300만	400만	500만	524만
보험료	90,000	180,000	270,000	360,000	450,000	471,600
연금액	188,910	240,230	301,800	342,850	394,160	406,480

만약에 소득을 높일 수 없다면 보험료를 더 길게 내면 됩니다. 소득이 300만 원일 때 보험료 27만 원을 10년 동안 내면 매월 291,540원을 받을 수 있지만, 20년 동안 내면 575,620원, 30년 동안 내면 859,710원, 40년 동안 내면 1,143,800원을 받을 수 있습니다. 은퇴자금을 마련하는 데 무슨 용빼는 재주라도 있는 것처럼 여기저기 기웃거리면 돈도 못 모으고 시간만 낭비하기 쉽습니다. 한눈팔지 않고 열심히 일해서 소득을 높이고, 오랫동안 납입하면 3층 보장만으로도 부족함이 없는 노후생활을 보낼 수 있습니다.

※ 국민연금 기준 소득월액 300만 원, 보험료 27만 원일 때 예상 노령연금

가입기간	10년	15년	20년	25년	30년	35년
연금액	291,540	433,580	575,620	717,670	1,001,750	1,143,800
증가	-	142,040	142,040	142,050	284,080	142,050

우리나라에서 국민연금을 가장 많이 받는 사람을 얼마나 받을까요? 2021년 국민연금 수급자 통계에 따르면 국민연금을 받는 사람은 총

607만 명, 월 100만 원 이상 받는 사람은 43만 531명, 가장 많이 받는 사람은 월 수령액이 240만 원이었습니다. 부부가 같이 국민연금을 받는 사람이 103만 2천 명이었는데, 부부 합산 월 300만 원 이상 받는 부부는 196쌍, 가장 많이 받는 A 씨 부부는 월 수령액이 435만 원에 달했습니다.

어떻게 해서 이렇게 많이 받을 수 있었을까요? A 씨 부부는 1988년 국민연금제도 시행 첫해부터 시작하여 A 씨는 306개월간, 부인은 322개월간 보험료를 납입했고, 연금 수령을 5년씩 연기해서, 매년 7.2%씩 총 36%나 연금액이 늘어, A 씨는 월 123만 원, 부인은 222만 원, 부부 합산 435만 원의 연금을 받게 된 것입니다. 부부가 국민연금만 잘 납입해도 얼마든지 부족함이 없는 노후생활을 할 수 있다는 것이죠. 아직은 많은 연금을 받는 부부가 아직은 극히 드물지만 앞으로 그 수는 점점 늘어날 것으로 보입니다.

보유 자산을 연금화하자

통계청의 '고령자 통계'에 따르면 2021년 현재 우리나라 65세 이상 고령 인구는 전체 인구의 16.5%이고, 가구주의 연령이 65세 이상인 고령자 가구는 전체 가구의 23.7%나 됩니다. 2025년에는 고령 인구는 비율이 20.3%에 달해 초고령 사회에 진입하고, 2047년에는 전체 가구의 약 절반(49.6%)이 고령자 가구가 될 것으로 전망되고 있습니다. 우리나라는 세계에서 가장 빠르게 늙어 가고 있는 나라 중 하나입니다.

2020년 '가계금융복지조사'에 의하면 65세 이상 고령자 가구의 자산은 3억 9426만 원, 부채가 4,472만 원으로 순자산은 3억 4,954만 원입니다. 자산 중에서는 부동산이 3억 1,632만 원으로 80% 이상을 차지하고, 금융자산은 6,688만 원으로 약 17% 정도에 불과합니다. 여기서 부채 4,472만 원을 빼면 실제 금융자산은 2,200만 원 정도에 불과합니다. 한마디로 말하면 은퇴 후 쓸 돈이 거의 없다는 말입니다.

게다가 2020년 현재 65세 이상 고령자 중 공적연금을 받고 있는 사람들의 비율은 53.1%에 불과합니다. 거의 절반에 가까운 사람들이 공적연금 수입이 없다는 것이죠. 따라서 노후에는 가계자산을 활용하여 적절한 현금흐름을 창출하는 전략이 필요해 보입니다. 부동산을 활용해 임대수입을 얻거나 다운사이징을 통해 집의 크기를 줄이고, 남은 자금을 연금형 상품에 투자하거나, 주택연금제도를 활용하는 것이 이에 해당됩니다.

임대수입은 자산 규모가 크거나 여러 가지 이유로 매각이 쉽지 않을 때 고려할 수 있는데, 주택의 경우 임대사업자로 등록하면 임대소득 분리과세 등의 세제 혜택도 누릴 수 있습니다. 다운사이징은 보유 자산 중 부동산의 비중이 높고 대출 부담이 클 때 주거 공간의 크기를 줄여 대출금을 상환한 다음 남는 돈을 연금자산으로 활용하는 방법입니다. 남은 돈을 부동산 개발 사업이나 우량 실물 부동산에 간접 투자한 뒤 매월 또는 분기 단위로 일정한 배당금액을 수령할 수 있는 펀드도 생각해 볼 수 있습니다.

주택연금은 살던 집에 그대로 살면서 부부가 사망할 때까지 평생 동안 연금을 지급받을 수 있는 장점이 있습니다. 2020년 현재 고령자 가구의 보유 자산 중 부동산이 약 3억 2,000만 원 정도인데 이것을 주택연금에 넣으면 어떻게 될까요? 남편이 65세, 부인이 62세일 때 종신 정액형을 선택하면 이 부부는 평생 매월 732,180원, 10년이면 약 8,790만 원, 20년이면 약 1억 7,600만 원 정도를 받을 수 있습니다. 시간이 흘러 부부가 모두 사망하면 주택의 가치와 지급받은 연금 총액을 정산해서 남은 돈은 자녀에게 지급하고 반대의 경우라도 별도의 청구를 하지 않는다는 또 다른 장점이 있습니다.

월지급식 상품을 활용하자

저축을 통해 목돈이나 퇴직금처럼 일시적으로 생긴 목돈을 월지급식 금융상품에 투자하는 것도 안정된 노후소득을 확보할 수 있는 방법입니다. 10여 년 전부터 베이비부머들의 퇴직과 맞물려 월지급식 은퇴상품이 각광을 받고 있습니다. 월지급식 상품은 퇴직금처럼 적지 않은 돈이 생겼지만, 당장 소득이 끊겨 고심에 빠진 은퇴자들의 관심을 받았고, 다양한 형태로 진화하면서 지금도 큰 인기를 끌고 있습니다.

월지급식 상품은 목돈을 맡긴 후 사전에 정해진 분배금을 정기적으로 지급받는 상품입니다. 과거에는 월급처럼 매월 일정한 금액을 지급하는 상품이 예금이나 보험상품밖에 없었지만, 저금리 시대로 접어들고, 베이비부머들이 은퇴와 함께 '예금 금리+알파'에 기대가 높아졌고, 다양한 월지급식 금융상품들이 속속 등장하고 있습니다.

월지급식 예금은 목돈을 맡기고 매달 이자를 받는 상품이고 즉시연금은 목돈을 맡기면 다음 달부터 곧바로 연금을 지급하는 상품입니다. 그리고 투자형 상품에는 투자자가 맡긴 목돈을 자산운용사가 굴려서 매월 분배금을 되돌려 주는 월지급식 펀드나 월지급식 ELS, DLS가 있고, 해외 고금리 채권이나 고배당주에 투자하는 인컴펀드, 자금을 모아 부동산이나 부동산 대출에 투자하여 발생한 수익을 배당하는 부동산 펀드, 은퇴 후 자산 유지와 생활비 보장을 동시에 만족시키는 최적인출률(4%)을 기반으로 삼는 RIF(Retirement Income Fund) 등 다양한 상품이 있습니다.

월지급 상품 중 자신에게 적합한 상품을 선택하여 잘 운용하면 안정적인 노후 현금흐름을 창출할 수 있습니다. 그런데 투자의 격언은 '하이 리스크 하이 리턴(High Risk High Return)'입니다. 즉시연금이나 월지급식 예금은 금리에 따라 지급금이 결정되고, 원금손실이 생기지는 않습니다. 월지급식 펀드, ELS, DLS 등은 투자형 상품이기 때문에 투자수익률이 나쁘면 원금손실이 발생할 수도 있습니다. 따라서 월지급식 상품에 가입할 때는 수익과 위험구조를 잘 따져 보고 자신의 투자 성향에 맞는 상품인지 잘 살펴보아야 합니다.

⊙ 가용한 모든 방법을 찾자

그 외에도 노후에 소득을 확보할 수 있는 방법은 많습니다. 남다른 전문성을 확보할 수 있도록 관심 분야에 대한 공부를 계속하여 책을 쓰거나 특허권 등 지적 재산권을 확보하는 방법도 있고, 특별한 기술을 익혀 은퇴 후에도 계속 일을 할 수 있도록 준비하거나, 쉽지 않지만 자녀들을 잘 키워 지원을 받는 것도 생각해 볼 수 있습니다. 두려움만으로는 문제가 해결되지 않습니다. 포기하기 전에 시도해야 합니다. 우선 금융감독원 통합연금포털(https://100lifeplan.fss.or.kr)에 들어가 보십시오.

통합연금포털에 들어가 '내 연금 조회'를 클릭하면 국민연금, 퇴직연금, 개인연금 가입 현황과 언제, 얼마의 연금을 받을 수 있는지 은퇴준비자금 규모를 알 수 있습니다. 그리고 '노후재무설계'를 클릭한 후 '예상 은퇴 연령'과 '은퇴 후 필요한 월 생활비'를 입력하면 '노후 필요자금'이 나오며, '이미 가입한 연금 상품의 예상연금액 조회'를 클릭하면 필요자금과 준비자금의 차이에 따른 과부족자금을 확인할 수 있습니다. 또, 주택연금 등 준비할 수 있는 자금도 추가로 입력할 수 있고, 부족자금 해결을 위한 연금이나 연금저축, IRP 등 상품 정보도 얻을 수 있고, 온라인이나 대면을 통한 전문가의 상담도 받을 수 있습니다.

은퇴준비는 일찍 시작

은퇴준비를 잘 한 부부가 있습니다. '이코노믹리뷰'에 은퇴 후 월수입이 600만 원이라는 분의 기사가 실렸습니다. 국민연금에서는 월 70만 원 밖에 나오지 않지만, 아파트와 오피스텔에서 나오는 임대수입이 250만 원이라고 합니다. 직장에서 퇴직하자마자 집 근처 대학교 도서관리 보조 업무자로 취직해 받는 월급이 150만 원 정도이고, 평생 가정주부로 살아온 부인도 유아원 보조교사로 취업해 매달 120만 원씩을 받고 있다고 합니다.

그분 말씀은 "부동산 투자를 위주로 책과 신문 등을 보며 재테크를 했고, 주식이나 펀드 등 금융투자 방면에는 자신이 없다고 느껴 안정적인 은행 적금에만 돈을 넣었고, 노후 일자리, 즉 재취업이 최고의 복지"라는 것입니다. 그동안 성실하게 살아왔고 지금도 그렇게 살고 있는 부부의 모습이 보입니다. 무엇보다, 꽤 많은 임대수입이 있음에도 적은 월급이라도 받을 수 있는 직장에 취업을 해서 계속 일을 하고 있다는 것이 돋보입니다.

은퇴준비가 부족해 일하는 노인들도 많습니다. 2018년 기준으로 우리나라 노인 고용률은 65~69세 45.5%, 70~74세는 33.1%로 OECD 국가들 중 가장 높습니다. '가난한 노인들의 나라'라고 비꼴 수 있지만, 그것이 전부는 아닙니다. 꼭 돈 때문에 일하는 노인들만 있는 것도 아니거든요. 폐지를 주워 받은 월 12만 원의 수입 중 1만 원을 기부하는 할머니도 있습니다. 그 할머니는 '생계는 어렵지만 기부는 마음으로 하는 것'이고, 원하는 것은 부자가 되는 것이 아니라 '인내와 용기'라고 말합니다. 감동이 크지만 늙어서까지 일하는 많은 노인들을 보면 마음이 아픈 것은 사실입니다.

프랑스의 교육학자 아서 모건은 "은퇴준비는 늦어도 십 대 때 시작해야 한다. 예순다섯 살까지 아무 목적 없이 살던 인생이 은퇴했다고 갑자기 충만해지지는 않는다"라고 말했습니다. 삶의 지혜는 멀지 않은 곳에 있습니다. 봄인가 싶더니 금방 가을이 오고 겨울이 오는 것이 인생입니다. 은퇴준비는 빠를수록 좋고, 나 스스로 준비하지 않으면 안 됩니다. 말하기 전에 들어야 하고, 행동하기 전에 생각해야 하듯이, 돈은 쓰기 전에 벌어야 하고, 은퇴하기 전에 돈을 모아야 합니다.

CHAPTER 7

은퇴설계에 유용한 월지급식 상품

01
월지급식 예금과 즉시연금

은퇴 후 소득과 관련하여 고려할 사항은 크게 3가지입니다. 첫째 우리나라 직장인의 첫 직장에서 퇴직 시점이 50세 전후라는 점, 둘째 국민연금을 수령하는 시점이 점점 늦춰져 1969년 이후 출생자는 65세라는 점, 셋째 기대수명이 자꾸 늘어나고 있다는 점이 그것입니다. 30세에 직장생활을 시작한 젊은이가 50대가 되면 어떤 모습일까요?

※ 삶의 모습 그려 보기

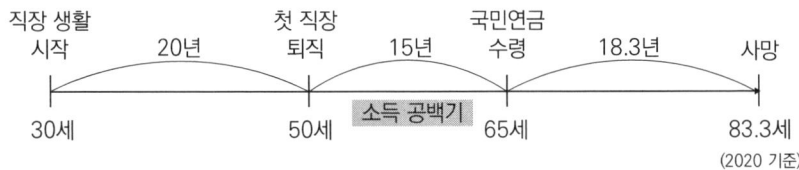

ⓒ 퇴직을 앞둔 50대 직장인의 모습

54세가 된 A 씨는 퇴직 후 어떻게 살 것인지 고민입니다. 이미 퇴직한 선배들에게서 "퇴직했다는 것을 가장 실감할 수 있는 것이 월급날이더라"라는 말을 듣고 마음이 무겁습니다. '월급이 들어오지 않으면 어떻게 하지?' 선배들처럼 '임금피크제에 들어가기 전에 명예퇴직을 하면 퇴직금 1억 원과 명퇴금 3억 원을 합쳐 4억 원 정도를 받을 수 있을 것 같은데, 그것으로 얼마나 버틸 수 있을까?' 하는 걱정에 잠을 설칩니다.

현재 A 씨의 한 달 생활비는 300만 원입니다. 은퇴 후 생활비는 현재 생활비의 70% 정도라는 주위 사람들의 이야기를 듣고 200만 원 정도가 나오는지 체크해 보았습니다. 국민연금은 65세부터 매월 100만 원 정도 나온다고 합니다. 연금저축은 40세 때부터 세액공제를 받기 위해 매월 34만 원씩 넣기 시작해서 10년 동안 넣었는데 55세 이후에 매년 190만 원(월 16만 원) 정도를 받을 수 있을 것 같습니다. 퇴직금 1억 원은 IRP에 넣어 연금으로 받으면 매월 50만 원 정도 나올 것 같습니다. 이것이 전부라고 생각하니 답답해집니다.

※ 퇴직 후 현금 흐름

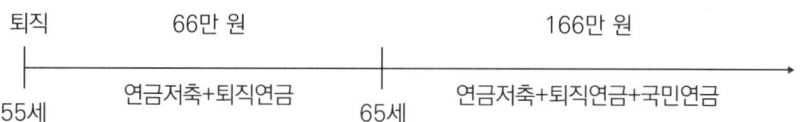

은퇴 후 월 200만 원이 필요한데 국민연금, 연금저축, 퇴직연금에서 나오는 돈이 166만 원 정도밖에 안 됩니다. 문제는 55세에 퇴직을 해도 국민연금은 65세가 되어야 나옵니다. 월급은 끊기고 연금저축과 퇴직연금에서 나오는 돈은 66만 원뿐이니 생활비만 해도 매월 134만 원이 부족합니다. 퇴직과 동시에 '소득절벽'이 생긴다는 말이 맞는 것 같습니다. 재취업에 성공해 한 달에 150만 원만 벌어도 살 수 있을 것 같은데 50대 중반에 접어든 나이에 마땅한 일자리를 찾아 64세까지 일할 수 있을지 알 수 없습니다.

남은 것은 퇴직금 3억 원뿐입니다. 부동산을 매입해 월세를 받는 것도 생각해 보았지만, 그 정도 가격으로 살 수 있는 상가나 오피스텔이 없을 것 같습니다. 설령 부동산을 매수하더라도 월세는 얼마 못 받고, 임차인 관리도 쉽지 않으며 관리 비용도 많이 들고, 부동산 시장 전망도 그다지 밝아 보이지 않습니다. 3억 원을 은행에 넣어 두고 곶감 빼먹듯이 매월 부족한 134만 원씩 빼 쓰면 약 19년 정도는 쓸 수 있을 것 같기는 한데, 그렇게 되면 19년 뒤에는 다시 소득 부족으로 시달릴 것 같습니다. 어떻게 해야 할까요?

월지급식 예금을 활용하는 방법

3억 원을 좀 더 효율적으로 활용할 수 있는 방법은 월지급식 상품을 활용하는 것인데, 대표적인 상품이 월지급식 예금과 즉시연금입니다. 월지급식 예금은 말 그대로 목돈을 맡기고, 거기서 매월 발생하는 이자를 지급받는 상품으로, 과거 고금리 시대에는 퇴직자들에게 가장 각광받던 자산관리 수단이었습니다. 퇴직금 같은 목돈을 은행에 맡기면 높은 이자를 받을 수 있었으니까요. 금리가 10%라면 3억 원을 맡겼을 때 연간 3천만 원의 이자를 받을 수 있었습니다. 월로 따지면 매월 250만 원의 이자를 받을 수 있었으니 여유로운 노후생활이 가능했습니다.

그러나 2000년대에 들어 저금리 현상이 심화되면서, 받을 수 있는 이자가 대폭 줄었습니다. 금리가 1% 시대라면 3억 원을 맡겨도 이자가 연간 300만 원, 월 25만 원에 불과합니다. 과거에 비해 1/10로 줄어든 것이죠. 이렇다 보니 일반 은행에 비해 상대적으로 금리가 높은 저축은행이나 새마을금고, 인터넷 특판 예금 정도를 제외하고는 월지급식 예금의 인기가 시들어 버렸습니다.

즉시연금을 활용하는 방법

즉시연금은 목돈을 맡기고 다음 달부터 곧바로 연금을 받을 수 있는 상품입니다. A 씨처럼 준비가 부족한 상태로 퇴직하여 당장 현금흐름이 필요하다면 즉시연금을 활용하는 것도 좋습니다. 즉시연금에는 종신형, 상속형, 확정형 등 다양한 연금 지급방식이 있어 은퇴 후 희망하는 자금흐름에 맞춰 선택할 수 있습니다. 10년 이상 유지하면 비과세 혜택이 있고, 최저보증이율이 있어 금리 하락기에 예금보다 더 방어적이라고 할 수 있는데, 월지급식 예금과 마찬가지로 금리형 상품이기 때문에 인플레이션에 취약한 점이 단점입니다.

A 씨의 경우 3억 원을 K 보험사, 공시이율 2.42%, 20년 보증 즉시연금에 맡기면 매월 100만 원씩 평생 받을 수 있습니다. 그런데 A 씨는 은

퇴 후 매달 134만 원이 부족합니다. 3억을 종신형에 넣어서는 부족한 생활비가 해결이 안 되는 것이죠. 이럴 경우 확정형을 선택하면 더 많은 연금이 나오도록 할 수 있습니다. 20년 확정형을 선택하면 매월 151만 원씩 20년 동안 받을 수 있습니다. 그런데 이번에는 20년 후, 다시 말해 75세부터는 국민연금밖에 나오는 것이 없다는 것이 문제입니다.

이 경우에는 55세부터 64세까지는 많은 연금이 나오고 65세부터는 연금이 적게 나오는 초기 집중형 연금을 선택하는 것이 좋습니다. 예를 들어 종신형을 선택할 경우 평생 동일하게 100만 원이 나오는 반면, 초기 집중형은 초기에는 130만 원, 그 이후에는 70만 원처럼, 초기에는 연금이 많이 나오고, 나중에는 적게 나오는 구조로 되어 있어 은퇴 초기 소득 절벽에 부딪칠 수 있는 퇴직자들에게 적합한 방식입니다.

02
월지급식 펀드

　금리가 낮아 목돈을 맡겨도 매월 받을 수 있는 금액이 적어, 약간 위험을 감수하더라도 월지급식 예금이나 즉시연금보다 더 많은 소득을 얻고 싶다면 월지급식 펀드를 활용하는 것도 좋습니다. 월지급식 펀드의 자산운용 방식은 일반 펀드와 거의 동일합니다. 투자자가 지정한 일정 시점에 일정 금액이나 비율만큼의 분배금을 월급 형태로 지급한다는 것이 다를 뿐입니다.

　일반 펀드에 가입하면 목돈을 만기까지 넣어 놓았다가 한꺼번에 찾게 됩니다. 하지만 월지급식 펀드는 목돈을 자산운용사가 다양한 자산에 투자해 굴리면서 중간중간 사전에 약정한 분배금을 지급하고, 만기가 되면 펀드에 남은 돈을 돌려주는 개념입니다. 분배금을 지급하는 방식에는 일정 기간마다 일정한 비율을 지급하는 정률방식과 일정한 금액을 지급하는 정액방식이 있습니다.

　먼저 정률방식으로 매월 원금의 4%를 분배금으로 주는 가상의 월지급식 펀드에 1억 원을 투자한 경우를 생각해 볼까요? 첫 달 수익이 10%

가 났다면 원금은 1억 1,000만 원이 되고, 원금의 4%인 400만 원을 지급하고 펀드 잔고는 1억 560만 원이 됩니다. 둘째 달에 다시 5%의 수익이 났다면 원금은 1억 1,130만 원이 되고, 원금의 4%인 445만 원을 지급하면 펀드 잔고는 1억 685만 원이 됩니다. 계속 이런 방식으로 운용이 되는데 수익이 없거나 마이너스 수익이 나면 어떨까요?

※ 정률지급방식: 1억 투자, 매월 분배율은 원금의 4%일 때

구분	수익률	원금	분배금	분배금 지급 후 펀드 잔고
1차월	10%	1억 1,000만 원	440만 원	1억 560만 원
2차월	5%	1억,1,088만 원	443만 원	1억 645만 원
3차월	-10%	9,580만 원	383만 원	9,197만 원
4차월	15%	1억 576만 원	423만 원	1억 153만 원

세 번째 달에 금융위기 소문이 돌아 수익률이 -10%가 났다면 원금이 9,580만 원으로 줄었다는 이야기가 됩니다. 하지만 4%의 분배금을 지급해야 하니 383만 원을 지급하고 원금은 약 9,197만 원으로 줄어듭니다. 네 번째 달에 금융위기에 대한 소문이 거짓으로 드러나면서 15%의 수익이 났습니다. 이제 원금은 1억 567만 원이 되고, 그중 4%인 423만 원을 지급하고 펀드 잔고는 1억 153만 원이 됩니다.

두 번째로 정액방식은 말 그대로 일정 기간마다 100만 원이면 100만 원, 200만 원이면 200만 원처럼 미리 정해 놓은 금액을 지급합니다. 매달 400만 원의 분배금을 받는 가상의 월지급식 펀드에 1억을 투자하고

수익률의 흐름이 정률방식과 동일한 분배금과 펀드 잔고는 다음과 같습니다.

※ 정액지급방식: 1억 투자, 매월 분배금 400만 원일 때

구분	수익률	원금	분배금	분배금 지급 후 펀드 잔고
1차월	10%	1억 1,000만 원	400만 원	1억 600만 원
2차월	5%	1억,1,130만 원	400만 원	1억 730만 원
3차월	-10%	9,657만 원	400만 원	9,257만 원
4차월	15%	1억 645만 원	400만 원	1억 245만 원

정률방식은 투자성과에 따라 매달 분배금의 크기가 들쑥날쑥합니다. 수익률이 마이너스가 나오거나 약정한 수익률을 넘지 못하면 투자원금에서 분배금을 지급하기 때문에 투자원금이 줄어들어 나중에는 분배금도 줄어들 수 있습니다. 반면, 정액방식은 월급처럼 매달 일정한 금액을 받을 수 있습니다. 은퇴자 입장에서는 정액방식이 매달 수입 규모를 예측할 수 있어 더 편리한 것이죠. 그러나 정률방식과 마찬가지로 수익률이 마이너스가 나오거나 약정한 수익률을 넘지 못하면 투자원금에서 분배금을 지급하기 때문에 생각보다 일찍 원금이 고갈될 수도 있습니다.

월지급식 펀드는 주로 고수익채권, 고배당주, 리츠 등에 투자해 안정적인 현금 흐름을 창출합니다. 하지만 위험을 무시할 수 없기 때문에 본인이 감당할 수 있는 투자 위험을 고려해 상품을 골라야 합니다. 또, 수익률이 지속적으로 하락하면 나중에는 원금을 다 까먹을 수도 있기 때문에 펀드를 구성하는 기초자산이 무엇인지 잘 살펴보아야 합니다. 국

내에서 판매 중인 월지급식 펀드 대부분이 수익률은 낮지만 안정적인 채권과 주식을 혼합한 혼합형의 형태로 운영되고 있습니다. 또, 많은 월지급식 펀드가 국내보다 더 높은 분배금을 받을 수 있는 해외채권에 투자하고 있는데, 해외에 투자하는 만큼 환율 변동에 따른 손실에도 유의해야 합니다.

03
월지급식 ELS

목돈을 단기간 운용하면서 이자를 받고 싶다면, 투자기간이 3년 이내로 짧은 ELS를 고려해 볼 만합니다. ELS는 개별 주식이나 주가지수를 기초자산으로 하여 수익이 결정되는 상품입니다. 주식이나 주가가 아닌 이자율, 통화, 실물자산, 신용위험 등을 기초자산으로 하여, 기초자산의 가격 변동에 따라 투자수익이 결정되는 상품은 DLS(Derivatives Linked Securities)라고 합니다. ELS와 DLS는 기초자산이 다를 뿐 수익구조는 비슷합니다. 그리고 월지급식 ELS와 월지급식 DLS는 수익금의 일정 부분을 월급처럼 정기적으로 지급한다는 점에서 월지급식이라는 이름이 붙은 것뿐입니다.

ELS 중 증권사에서 판매하는 것은 ELS(Equity Linked Securities), 은행에서 판매하는 것은 ELD((Equity Linked Deposit), 투신사나 자산운용사에서 판매하는 것은 ELF (Equity Linked Fund)라고 합니다. 대표적인 ELS인 스텝다운(Step down)형 ELS는 만기에 가까워질수록 행사가격이 90/90/85/85/80/80처럼 단계적으로 하락하여 수익 상환 가능성이 높아지도록 설계된 상품입니다. 그리고 월지급식 ELS는 스텝다운형 ELS 중에서 수익률을 매월 단위로 받을 수 있도록 설정한 상품입니다. 그럼 상품을 하나 살펴볼까요?

스텝다운형 ELS

기초자산	· KOSPI 200/EUROSTOXX50/S&P500
만기/상환조건	· 3년/6개월
손익구조	· 95-90-85-85-80-60 / NO KI 월지급 배리어: 60%
손익구조(세전)	· 특정조건 충족 시: 13.50%(연 4.5%) · 월지급 수익률: 0.375% · 조건미충족 시(최대손실률): 100%

이 상품은 코스피 200, 유로스탁스 50, 그리고 S&P 500 지수를 기초자산으로 합니다. 보통 ELS의 기초자산은 2가지 혹은 3가지로 구성되는데, 주가지수로만 이루어진 것도 있고, 개별 종목으로 이루어진 것도 있고, 주가지수와 개별 종목이 섞여 있는 경우도 있는데, 이 상품은 기초자산이 모두 주가지수로만 구성되어 있습니다. 이 상품의 최초 기준가격은 이 상품이 발행되는 날의 가격이 되는데, 이날을 기준으로 3가지 기초자산의 지수가 각각 100으로 세팅이 됩니다.

이 상품은 낙인(Knock In) 조건이 없는 NO KI 상품입니다. 낙인은 하한선으로 기초자산 가격의 그 밑으로 내려가서는 안 된다는 뜻입니다. 낙인 조건이 붙어 있는 경우에는 아래 그림에서 ①의 경우처럼 가입기간 중 한 번도 낙인 조건 아래로 내려간 적이 없으면, 조기상환 조건이나 만기상환 조건을 달성하지 못하더라도 수익이 확정됩니다. 반대로 ②의 경우처럼 한 번이라도 낙인 조건 아래로 내려간 적이 있으면 조기상환 조건이나 만기상환 조건을 충족해야 수익이 확정되고 그렇지 못하면 손실이 발생합니다. 이 상품은 낙인 조건이 없는 상품이기 때문에 중간에 기초자산 가격이 바닥까지 떨어진 경우가 있었다고 하더라도 조기상환 조건이나 만기상환 조건만 충족하면 수익이 확정되는 상품인 것이죠.

※ 낙인 조건에 따른 수익 구조

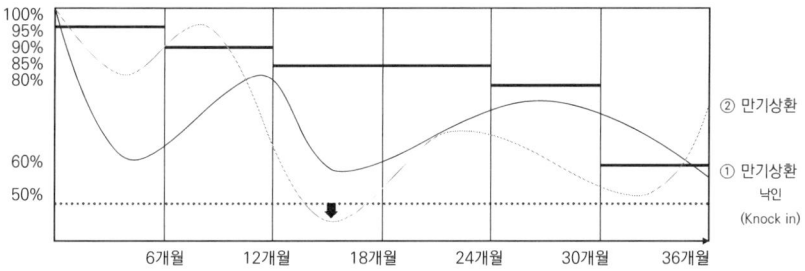

이 상품은 조건을 충족하면 연 4.5%, 3년이면 연 13.5%의 수익을 지급하는 상품입니다. 이 상품의 만기는 3년이고 상환주기는 6개월입니다. 이 말은 3년 동안 6개월 단위로 총 6번의 기회가 주어진다는 뜻인데, 조건을 충족하면 조기에 상환될 수도 있습니다. 조기상환 조건은 손익구조에 나와 있는 숫자들입니다. 숫자 95/90/85/85/80/60을 권리를 행사할 수 있는 행사가격이라고 하는데, 이것이 말하는 것은 3가지 기초자산 가격이 모두 최초 가격대비 6개월 되는 시점에 95% 또는 12개월 시점에 90% 또는 18개월 시점에 85% 또는 24개월 시점에 85% 또는 30개월 시점에 80% 이상이면 수익금과 원금을 모두 상환하고 종료가 된다는 것입니다.

조기상환은 가입 후 6개월 시점에 될 수도 있고, 12개월, 18개월, 24개월, 30개월 시점에 될 수도 있습니다. 예를 들어 6개월 시점에 3가지 기초자산의 가격이 최초 기준가격 대비 95% 이상이면 연 2.25%(연 4.5%의 1/2) 수익금과 원금을 돌려받고 계약이 종료되는 것이죠. 만약에 6개월 시점에 기초자산 중 어느 한 가지라도 최초 기준가격 대비 95%를 밑돌게 되면 조기상환이 되지 않고 뒤로 넘어갑니다. 다시 6개월 뒤인 12개월 시점에 3가지 기초자산의 가격과 행사가격 90%를 비교하여 조기상환 여부가 결정되는 것이죠.

이런 식으로 계속 6개월마다 조기상환 여부가 결정되는데, 만기 시점의 행사가격은 60%입니다. 다시 말해 만기 시점에 3가지 기초자산 가격이 모두 60% 이상이라면 연 13.5%(연 4.5%×3년 치)의 수익금과 원금 100%를 상환받을 수 있는 것이죠. 그런데 만기 시점에도 3가지 기초자산 중 어느 하나라도 최초 기준가격 대비 60% 미만인 것이 있으면 어떻게 될까요? 그때는 가장 낮은 기초자산 가격을 기준으로 손실이 결정됩니다. 예를 들어 만기 시점에 KOSPI 200은 최초 기준가격 대비 80%, EUROSTOXX 50은 50%, S&P 500은 30% 수준이라면 가장 낮은 30%를 기준으로 하여 손실률은 70%(100-30)가 됩니다. 여기까지는 일반적인 스텝다운형 ELS와 똑같습니다.

월지급식 ELS

이 상품이 월지급식 상품이라는 것은 손익구조 맨 뒤에 있는 '월지급

베리어 60%'가 말합니다. 월지급식 ELS는 스텝다운형 ELS에 매월 수익금을 받을 수 있는 조건이 추가로 붙어 있는 것이죠. 월지급 베리어 60%가 말하는 것은 3가지 기초자산의 가격이 모두 최초 기준가격 대비 60% 미만으로 떨어지지 않으면 매월 0.375%의 수익금을 지급한다는 것입니다. 가입 후 1개월 후부터 매월 수익금을 받다가, 6개월 후 1차 조기상환 평가 시점에 모든 기초자산 가격이 최초 기준가 대비 95% 이상이면 수익금과 원금을 돌려받고 계약은 종료됩니다.

※ 월지급식 ELS 손익구조

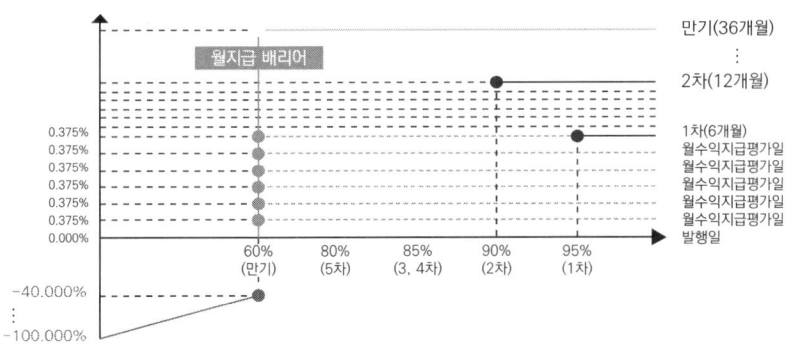

1차 조기상환 평가 시점에 기초자산 중 어느 하나라도 최초 기준가 대비 95% 미만이면 조기상환이 되지 않고 다시 6개월 동안 월지급금을 받다가 2차 조기상환 평가 시점에 조기상환 여부가 결정됩니다. 이런 식으로 만기 시점까지 월지급금 수령과 조기상환 평가가 반복해서 이루어지게 됩니다. 만약에 조기상환이 이루어지지 않고 만기 시점까지 갔을 때는 앞에서 설명한 스텝다운형 ELS와 동일한 방식으로 수익과 손실이 결정됩니다. 모든 기초자산 가격이 최초 기준가격 대비 60% 이상이면 수익금과 원금상환, 어느 한 가지 기초자산 가격이라도 60% 미만이면 가장 낮은 지수를 기준으로 '100-가장 낮은 지수'만큼의 손실이 발생하는 것이죠.

월지급식 ELS 투자 시 유의할 점

KEB하나은행과 하나금융경영연구소가 금융자산 10억 원 이상을 보유한 부자들 922명을 대상으로 조사한 '2019 부자보고서'에 따르면 우리나라 부자들이 가장 선호하는 금융투자상품은 ELS와 ELT였습니다. ELS는 Equity Linked Securities로 주가와 연계된 상품들을 담고 있는 증권입니다. 우리나라뿐 아니라 미국, 일본, 홍콩 등 다양한 국가들의 주가를 기초자산으로 하는 상품입니다. ELT는 Equity Linked Trust의 약자로 증권사가 발행한 파생결합 증권인 ELS를 은행신탁계정으로 편입한 상품으로 투자상품의 구조자체는 ELS와 매우 비슷합니다. ELS와 ELT의 차이는 증권사에서 판매하는 것은 ELS, 은행에서 판매하는 것은 ELT라고 생각하면 됩니다.

월지급식 ELS는 특히 60대 이상의 고령자들이 선호하는 상품입니다. 고령자들은 은퇴 후 꾸준한 현금흐름이 발생하는 금융상품을 선호하는데 월지급식 ELS가 여기에 해당됩니다. 기초자산의 가격이 크게 떨어지지 않으면 은행 금리보다 2배 이상 높은 이자를 매월 받을 수 있기 때문이죠. 또, 세금을 줄일 수 있는 이점도 있습니다. 2013년부터 금융소득 종합과세 기준이 2,000만 원으로 줄었습니다. 투자금액이 큰 고령자들의 경우 조기상환이 안 되고, 3년 만기를 채워 상환이 되면 이자수익이 2,000만 원을 넘어 세금 폭탄을 맞을 수도 있습니다. 그보다는 조금 적더라도 매월 이자를 지급받는 것이 더 이득이라는 계산이 나오기 때문에 월지급식 ELS를 선호하는 것이죠.

월지급식 ELS는 다른 월지급식 상품과 마찬가지로 매월 현금 흐름을 얻을 수 있고, 최장 투자기간이 3년에, 6개월마다 조기상환의 기회가 주어져 유동성 확보가 용이하며, 보유 자산의 일부를 월지급식 ELS에 배분하면 리스크를 줄이면서 적정 수익을 얻을 수 있어 자산관리 측면에서도 유리하다는 장점이 있습니다. 반면, 기초자산 가격이 정해진 특정 구간 이하(Knock-In)로 내려갈 경우에는 월지급금이 지급되지 않거나 만기상환 조건을 충족하지 못하여 원금손실이 날 가능성도 있고, 중도에 해지하면 해지 수수료를 물게 됩니다. 최근에는 주가뿐 아니라 원유와 같은 상품 가격과 연계한 다양한 상품들이 쏟아지고 있고, 그중에는 원금을 보장하지 않는 상품들도 많습니다. 따라서 가입하기 전에 상품의 구조와 손익주조에 대해 꼼꼼하게 살펴보고 원금손실의 위험성이 크지 않은 상품에 투자해야 되겠습니다.

04
리츠

투자신탁은 불특정 다수의 투자자들로부터 소액의 자금을 모아서 공동 투자기금(Fund)을 만들고 이를 투신사 등 전문투자기관에서 안정성과 수익성이 높은 주식이나 채권 옵션, 선물, 콜금리 같은 곳에 투자를 한 후, 그 수익을 투자자들의 출자액에 비례하여 나눠 주는 제도입니다. 쉽게 말해 100만 원씩 100명에게 1억을 모아 투자를 한 후 수익이 2천만 원이 났다면 그 2천만 원과 원금을 다시 100명에게 나눠 주는 제도라고 생각하면 됩니다.

리츠(REITs)는 'Real Estate Investment Trusts'의 약자로 부동산 투자신탁이라는 뜻입니다. 부동산에 투자하는 신탁상품인 것이죠. 예를 들어 강남에 대형 빌딩을 짓는 경우, 토지 소유자는 빌딩을 세워 임대수익을 얻고 싶은데 돈이 모자랍니다. 그럼 투자자들을 모집하여 돈을 모아 빌딩을 세우고 임대수익이 발생하면 투자자들이 투자한 돈의 비율대로 수익을 나눠 줍니다. 이처럼 리츠는 개인이나 투자 기관투자자들로부터 자금을 모아 부동산 개발 사업이나 임대, 주택저당채권 등에 투자한 후 그 운용수익을 투자자들에게 배당해 주는 상품입니다.

※ 리츠의 투자 구조

리츠는 설립 형태에 따라 회사형과 신탁형으로 구분됩니다. 먼저, 회사형은 뮤추얼 펀드처럼 주식을 발행하여 투자자를 모으는 형태로 투자자에게 일정 기간마다 배당을 하며 증권시장에 상장되어 그 주식을 사고팔 수 있습니다. 여기서 뮤추얼펀드는 주식발행을 통해 투자자를 모집하고 모집된 투자자산을 전문적인 운용회사에 맡겨 투자한 후 운용수익을 투자자에게 배당금의 형태로 되돌려 주는 투자회사입니다. 두 번째로 신탁형은 수익증권을 발행하여 투자자를 모으는 형태로 상장은 금지되어 있습니다. 수익증권은 재산의 운용을 타인에게 신탁한 경우 그 수익을 받는 권리가 표시된 증권을 말합니다. 따라서 회사형은 돈을 넣고 그 회사의 주식을 사는 형태이고, 신탁형은 돈을 맡기고 수익을 받을 권리를 사는 것이라고 생각하면 됩니다.

리츠의 종류는 부동산의 종류만큼 다양합니다. 고층빌딩 사무실에 투자하는 오피스리츠, 상가 등 소매부동산에 투자하는 리테일리츠, 호텔, 리조트 등 숙박시설에 투자하는 호텔리츠, 아파트 등 주거 목적 부동산에 투자하는 주거리츠, 물류센터나 산업시설에 투자하는 물류산업리츠, 다양한 유형의 부동산에 투자하는 복합리츠, 데이터 시설에 투자하는

데이터리츠, 노인생활시설, 의료 관련 건물에 투자하는 헬스케어리츠, 광케이블, 통신타워 등에 투자하는 인프라리츠 등 다양한 리츠가 있습니다. 현재 우리나라에서 시가총액이 가장 큰 롯데리츠의 경우 롯데백화점, 롯데마트, 아웃렛, 롯데마트몰, 김포물류센터 등에 투자하는 리테일리츠입니다.

우리나라는 2000년에 리츠를 도입했지만, 1960년에 도입한 미국의 경우, 상장된 리츠 수가 220개가 넘고 시가총액도 약 1,800조에 달합니다. 우리나라와 비슷한 시기에 도입한 일본도 61개 리츠에 시가총액이 182조에 달하고, 더 늦게 도입한 싱가폴도 41개에 93조에 달하는 것에 비하면 우리나라는 리츠 시장 규모가 작고 발전 속도도 느리다고 할 수 있습니다. 하지만 2020년 7개였던 공모 리츠는 현재 19개로 늘었고, 불과 2년 전만 해도 약 3조 원밖에 되지 않았던 공모 리츠 시가총액도 약 8조 원 정도로 급증했습니다. 과거에는 고액자산가들과 기관투자가들을 대상으로 한 비상장 사모형 리츠가 대다수였지만 점점 더 공모 리츠가 늘어날 것으로 보입니다.

리츠에 투자하는 방법은 2가지가 있는데, 하나는 펀드 공모에 직접 참여하는 것이고 다른 하나는 펀드가 증시에 상장된 이후에 주식을 매입하는 방법입니다. 펀드 공모에 참여하면 저렴한 가격에 주식을 매입할 수 있기 때문에 상장 후 주가가 오르면 상당한 시세차익을 기대할 수 있습니다. 또 주식을 사면 매년 배당가능이익의 90% 이상을 의무적으로 배당하기 때문에 고령층의 노후소득 확보에 도움이 될 수 있습니다. 2017년 국토교통부의 리츠 결산보고서에 따르면 193개 리츠의 평균

배당률은 7.59%였고 예금은행 수신금리 1.56%보다 4배 이상 높았습니다.

리츠는 부동산에 직접투자하는 것보다 적은 비용으로 할 수 있는 간접투자상품입니다. 리츠에 투자된 자금은 숙련된 전문가들에 의해 운용되기 때문에 자산운용의 안정성이 높습니다. 코스피에 상장된 리츠는 주식처럼 매매를 통해 언제든지 쉽게 현금화할 수 있어 유동성도 큽니다. 주가 상승에 따른 매매차익을 기대할 수 있고, 변동성이 큰 주식시장에 비해 주가 변동이 적어 안정적이며, 인플레이션에 대한 방어 효과가 있습니다.

리츠는 법령상 배당 가능한 이익의 90% 이상을 의무적으로 주주들에게 배당해야 합니다. 이에 따라 리츠에 투자하면 높은 배당 수익을 얻을 수 있습니다. 국내에 상장된 리츠의 2021년 예상 배당률은 5.97%인데, 이는 1억을 투자하면 1년에 걸쳐 약 600만 원, 월로 따지면 약 50만 원의 수익을 얻을 수 있다는 말입니다. 현재 시중은행 예금 금리가 2~3%에 불과하다는 것을 생각하면 그보다 2배 이상의 수익을 기대할 수 있는 것이죠. 만약에 목돈을 분산투자하는 포트폴리오를 구성하여 리츠에 투자하면 매 분기 또는 매월 배당금이 통장에 입금되게 할 수도 있어 은퇴 후 안정적인 소득확보가 가능합니다.

한국리츠협회에 따르면 50세 직장인이 퇴직금 2억 원을 5,000원짜리 상장리츠를 4만 주를 매입한 후 연 7%의 배당금을 받아 10년 동안 계속 추가매입을 하면 60세 시점에는 7만 8,700주로 늘고, 보유한 자산 규모는 4억 원으로 증가합니다. 그리고 60세 이후에는 추가매입 없이 매월 기준 230만 원에 달하는 배당금을 받아 안정적인 노후생활을 할 수 있습니다. 또, 증여세 부담이 없는 5,000만 원 한도 내에서 자녀의 미래를 설계하는데도 큰 도움이 될 수 있습니다. 출산과 동시에 2,000만 원으로 리츠를 구입하고 매년 배당금을 재투자하면 자녀의 대학교육비나 사회생활을 시작할 때 종잣돈으로 유용하게 활용할 수 있습니다.

리츠에 투자하는 또 하나의 장점은 세금을 줄일 수 있다는 것입니다. 정부는 리츠와 부동산 펀드를 2020년부터 분리과세 대상으로 정했습니다. 원래 배당수익에 대해서는 지방소득세를 포함하여 15.4%의 세금을 내야 하지만 리츠에서 발생한 수익에 대해서는 지방소득세 포함 9.9%만 내도 된다는 것이죠. 그런데 이 혜택은 투자금액 5,000만 원 한도로 받을 수 있고, 리츠를 판매한 회사에 분리과세 신청서류를 제출한 시점부터 3년간 분리과세가 적용되며, 3년 이내에 리츠를 매각하면 감면받은 세금이 추징된다는 조건이 붙어 있습니다.

기대수명은 늘어나고 퇴직은 빨라져 노후 부담이 큰 장년층에게 리츠는 안정적인 노후소득을 확보할 수 있는 수단이라는 점에서 리츠가 대형화되고 성장 속도도 빨라지고 있습니다. 리츠는 수익이 부동산이라고 하는 실물자산에 대한 투자에서 발생하기 때문에 예금이나 채권보다는 높은 수익을 올리면서 안정적인 운영을 원하는 투자자들에게 인기가 많습니다. 그러나 모든 투자상품에는 장점과 단점이 공존합니다. 부동산이 공실이 나거나 임대료가 떨어지는 경우, 그리고 사업 속도가 더디거나 원활하지 않을 경우에는 수익이 떨어질 수 있습니다. 그리고 국내 시장에는 상장된 리츠가 아직 많지 않아 상대적으로 선택의 폭이 좁고, 정부의 정책에 따라서 부동산 시장의 변화가 클 수도 있습니다. 리츠에 투자하기 전에 상장리츠나 한국리츠협회의 홈페이지를 찾아 사업내용과 투자보고서 등을 잘 살펴보아야 하겠습니다.

05
기타 인컴형 투자상품

점점 더 길어지는 노후를 생각하면 재테크가 필수가 된 시대입니다. 재테크의 기본은 수익성과 안정성입니다. 수익성은 투자를 했을 때 얼마나 많은 이익을 얻을 수 있는가, 안전성은 원금이나 이자를 떼일 염려는 없는가에 관한 것입니다. 일반적으로 은퇴 후에는 수익성보다는 안전성을 중시해야 한다고 합니다. 은퇴 후에는 투자기간에 제약이 있어 한 번 손실이 나면 복구가 쉽지 않기 때문입니다.

그런데 은퇴 후 소득이 충분한 사람들은 드뭅니다. 예·적금 같은 안전자산만으로는 높은 수익을 기대하기 어려워 은퇴 후에도 투자를 계속해야 하지만 두려움이 있습니다. 높은 수익을 기대할수록 높은 위험을 감수해야 하기 때문입니다. 게다가, 은퇴 후 생활비는 물론 갑자기 생길 수 있는 의료비 지출 같은 것도 생각하지 않을 수 없습니다. 위험을 줄이고 적정한 수익을 통해 지속적인 현금흐름을 창출하며 필요할 때 손쉽게 현금화할 수 있는 유동성까지, 이 3가지를 모두 확보할 수 있는 방법은 없을까요?

인컴형 투자상품

3층 연금만으로 은퇴 후 필요한 생활비를 충당할 수 없는 상황에서 인컴투자가 주목을 받고 있습니다. 인컴(Income)은 월급처럼 정기적으로 발생하는 수익을 말합니다. 부동산을 구입한 후 월세를 놓으면 정기적인 현금소득이 발생하고 부동산 가격이 오르면 시세차익도 얻을 수 있듯이 인컴투자는 보유 자산을 통해 이자, 배당, 임대료와 같은 정기적인 수입을 만드는 투자방법입니다. 인컴형 투자상품에는 앞서 이야기한, 월지급식펀드, 월지급식 ELS, DLS, 리츠 외에 채권, 고배당 주식, 인컴형 ETF 등도 있습니다.

※ 인컴형 투자상품

상품유형	지급주기	월지급액의 재원
정기예금(월이자지급식)	월	이자(은행에 예치 후 발생)
연금보험	월, 분기	이자+원금(사전에 연금 지급액 및 기간 약정)
월지급식 ELS	월	쿠폰 수익
해외채권	분기, 반기	이자 또는 배당
인컴펀드(income fund)	월	배당(펀드 투자자산에서 유입되는 현금흐름)
부동산펀드	분기, 반기	배당(부동산 분양 또는 임대수입 발생)
후순위채	분기	이자수익
배당주	연	배당수익
RIF(Retirement Income Fund)	월	배당+원금(사전에 지급액 또는 지급률을 지정)

채권은 국가나 공공기관, 회사 등이 돈을 빌리고 그 증거로 발행하는 일종의 차용증입니다. 채권은 발행 시점부터 이자와 원금이 확정되어 미래의 현금흐름을 예측하기 쉽습니다. 채권에 투자할 때는 발행기관의

신용등급을 살펴서 투자적격등급(AAA~BBB)인 기관에서 발행한 채권에 투자하는 것이 좋습니다. 혹시라도 부도가 나는 일은 없어야 하기 때문입니다. S&P 기준 BBB- 보다 낮은 등급의 채권들을 하이일드채권이라고 하는데, 여기에 투자하면 위험도가 커진 만큼 높은 이자수익을 얻을 수 있습니다. 투자적격등급에 있는 기관들보다 재무 안전성이 낮은 기관들이 발행하는 채권이기 때문에 더 높은 이자를 제공하기 때문입니다.

주식으로 돈을 버는 방법은 가격이 올랐을 때 팔거나, 배당을 받는 것 두 가지인데, 배당을 지급하는 주식을 배당주, 배당을 많이 해 주는 주식을 고배당주라고 합니다. 고배당주는 안정적인 사업을 기반으로 꾸준하게 배당을 하는 주식을 말합니다. 주로 금융주나 증권주들이 배당을 많이 해 왔는데, 증권정보포털 세이브로(seibro.or.kr)에 들어가 '주식-배당정보-배당순위' 순으로 찾아가면 어떤 기업들이 배당을 많이 해 주는지 알 수 있습니다. 우리나라 기업들의 경우 주식 배당률이 낮기 때문에 배당 주기와 배당 시점이 다양한 글로벌 고배당주를 찾아 투자하면 좀 더 높은 배당을 받을 수 있는데, 글로벌 고배당주는 디비던드 매니저(dividendmanager.wordpress.com)에 가면 쉽게 찾을 수 있습니다.

일반 주식형 펀드와 달리 KOSPI 200과 같은 시장 지수의 수익률을 그대로 쫓아갈 수 있도록 만든 펀드를 인덱스펀드라고 하는데, 이 인덱스펀드를 거래소에 상장시켜 주식처럼 편리하게 거래할 수 있도록 만든 상품이 ETF(Exchange Traded Fund)입니다. 그중 인컴형 ETF는 주기적으로 배당을 하는 ETF인데, 국내외 배당주에 투자하는 고배당 ETF, 국내외 채권에 투자하는 채권 ETF, 부동산·인프라 ETF 등 크게 3종류로 나뉘며 각각 배당금, 이자, 임대료 수익을 목표로 합니다. 최근에는 시장대표지수, 섹터지수, 해외지수, 배당주뿐 아니라 채권, 금, 원유 등을 기초자산으로 하는 다양한 상품이 출시되고 있습니다. 인컴형 ETF는 소액으로 분산투자가 가능하고, 증권시장에서 주식처럼 직접 실시간으로 매매할 수 있으며, 펀드보다 결제 기간이 짧고 수수료도 저렴하다는 장점이 있습니다.

※ 월지급식 ETF(출처: 전국 투자자 교육 협의회)

코드	ETF명	개요
QYLD	Global X NASDAQ 100 Covered Call	미국 나스닥 100지수 커버드콜 전략을 활용하는 월지급식 ETF
PGX	Invesco Preferred	미국 고배당주에 투자하는 월지급식 ETF
PHK	PIMCO High Income Fund	하이일드채권 및 배당증권 등에 투자하는 월지급식 ETF
SPFF	Global X Superincome Preferred	배당수익률 높은 우선주 50개에 투자하는 월지급식 ETF
KBWY	Invesco KBW Premium Yield Equity	중소형 REITs에 집중투자하는 월지급식 ETF
SDIV	Global X Super Dividend	전 세계 배당수익률 높은 100개 종목에 투자하는 월지급식 ETF

월지급식 펀드는 노후준비를 제대로 하지 못한 은퇴자들을 위해 자산운용과 수익 배분을 동시에 할 수 있도록 만들어진 것으로, 우리나라보다 앞서 고령화 사회에 접어든 일본에서는 이미 대세로 자리 잡은 상품입니다. 월지급식 펀드의 주된 투자대상은 안정적이면서 상대적으로 수익이 높은 해외채권입니다. 그러나 최근에는 투자자들에게 더 많은 수익을 돌려주기 위해 고배당주나 인프라·리츠 등 다양한 자산에 투자하는 인컴형 상품이 늘어나고 있습니다.

인컴형 펀드는 '인출식 연금펀드'로 투자자산을 운용하는 회사에 따라 TIF(Target Income Fund) 또는 RIF(Rrtirement Income Fund)라고 부릅니다. TIF나 RIF는 월지급금을 안정적으로 수령하는 동시에 잔여 자산을 최대한 보존함으로써 은퇴자금이 조기에 소진되는 것을 방지하는 데 중점을 둔 상품입니다. 이와 달리 노후에 대비해 연금재원 마련을 목적으로 하는 펀드가 있는데 그게 바로 TDF(Target Date Fun)입니다.

※ TDF의 자산 배분 예시(출처: 미래에셋 자산운용)

　TDF는 타깃이 되는 날짜를 겨냥한 펀드로, 근로자의 은퇴 시점에 맞춰 펀드매니저가 자산 비중을 조절해 주는 펀드입니다. 젊었을 때는 주식 등의 비중을 늘리는 공격적인 자산 배분을 통해 수익을 증가시키고, 은퇴 시기가 가까워질수록 채권 등 안전자산의 비중을 늘리는 방식으로 운용하는 펀드인 것이죠. 우리나라에서는 2018년 퇴직연금에 TDF가 허용되면서 가입이 늘고 있습니다. 따라서 은퇴하기 전까지는 TDF로, 은퇴 후에는 TIF나 RIF로 운용하면 좋을 것 같습니다.

인컴형 상품 활용

2020년 퇴직한 A 씨는 그 전에 노후 대비를 위해 인컴펀드에 가입했는데, 2020년에 주가가 급격하게 상승하면서 10%가 넘는 수익을 올린 덕분에 퇴직에 따른 경제적 손실을 줄일 수 있었다고 합니다. 2019년 임원이 되며 받은 퇴직금 중 약 2억 원을 나누어 북미주식 100%로 구성된 상품과 국내채권과 국내주식 100%인 상품에 분산투자했던 것이죠. 노후는 불안하고 큰돈을 직접투자하는 것이 부담스러워 그렇게 했다고 하는데, 타이밍이 참 적절했다고 보입니다.

※ A 씨의 인컴투자

인컴형 상품들은 원금은 최대한 지키고, 안정적인 수익률로 매월 또는 매년 일정 소득을 발생시키는 것이 특징입니다. 이들은 대개 은퇴자들에 맞춰 은행 주식보다는 낮은 위험, 예·적금 금리보다는 조금 더 높은 수익이라는 중위험·중수익을 추구합니다. 따라서 우리나라에서 판매 중인 인컴펀드는 대부분 예금과 국내외 단기채권 50%, 해외채권 20%, 국내주식 30%로 구성됩니다. 수익성보다 안전성을 중시한 결과인 것이죠.

인컴형 상품들은 상대적으로 변동성이 낮지만 만능 상품은 아닙니다. 예를 들어 고배당주에 투자하는 경우 기업이 어려워지면 배당을 줄이거나 지급하지 않을 수 있습니다. 또, 주식시장이 강세를 나타낼 경우에는 그만큼 매력이 떨어질 수도 있습니다. 배당률이 5%인 인컴형 고배당주에 투자했는데, 주식시장에 광풍이 불어 주가가 10%나 오른다면 속상할 일입니다. 그런 경우에는 직접투자가 더 나은 방법이기 때문이죠.

2019년 미·중 무역전쟁과 일본의 수출규제에 따른 일본 제품 불매운동 등으로 경기가 불안해지면서 인컴펀드에 1조 5천억 원이나 몰렸지만, 다음 해에는 동학개미들로부터 촉발된 주식 열풍이 불면서 9천억 원이 넘는 돈이 다시 빠져나가기도 했습니다. 2020년 인컴펀드의 수익률은 10% 내외, 주식시장 평균 수익률은 약 35%였으니 당연한 일이었죠. 그 후 주식시장이 안정 국면에 접어들면서 다시 인컴펀드에 자금이 유입되기도 했습니다.

인컴형 상품에 투자하는 방법에는 자신이 선호하는 주식이나 채권, 리츠, ETF 등을 골라 직접투자하는 방법과 인컴형 펀드에 간접투자하는 방법이 있습니다. 무엇보다 중요한 것은 운용 가능한 자신의 노후자산과 여러 상품 중 목표소득을 달성할 수 있는 상품은 무엇인지 파악하는 것입니다. 그리고 적정한 수익을 얻으면서 원금손실의 위험을 줄일 수 있는 방법을 찾아야 합니다.

※ 인컴 투자 시 자산 배분(출처: 미래에셋자산운용)

구분			상품개요
주식군		국내외 배당주	국내 및 해외의 배당주
채권군	국내채권		국내에서 발행된 채권, 주로 국공채 위주
	해외채권	선진국 국채	미국 등 선진국 정부가 발행한 채권
		신흥국국채	브라질, 러시아 등 신흥국 정부가 발행한 채권
		글로벌 투자적격 등급 회사채	전 세계의 투자적격등급 회사가 발행한 채권
		글로벌 하이일드 회사채	전 세계의 투기등급 회사가 발행한 채권
실물자산군		공모 리츠(REITs), 부동산 펀드, 인프라 펀드	부동산, 인프라 시설 등에 투자하는 펀드

상품별 특징을 고려해 주기적으로 일정한 소득이 나올 수 있도록 포트폴리오를 잘 짜서 분산투자해야 합니다. 원금손실 위험을 줄이기 위해서는 채권과 배당주, 부동산 등 다양한 자산에 투자하면서 국내, 선진국, 신흥국 등으로 지역을 분산하고, 단기와 장기로 투자기간도 분산하며, 수익도 월, 분기 등으로 배당 주기를 분산한 포트폴리오를 구성하여 투자하는 것이 좋습니다.

A 씨의 경우 돈을 펀드사에 투자함과 동시에 자금시장에 대한 공부도 시작했다고 합니다. 금융상품이 점점 더 복잡·다양해지고 있기 때문에 웬만한 전문가가 아니고서는 상품을 이해하기 쉽지 않기 때문입니다. 최근 은퇴자들 중에는 A 씨처럼 은퇴 후 인컴펀드를 통해 안정적인 수익을 도모하면서, 조금씩 직접투자도 하며 자본시장에 대한 감을 익히는 사람들이 늘어나고 있습니다. 노후소득을 위해 은퇴 후에도 공부는 필수이고, 경험이 있어야 남들에게 휘둘리지 않기 때문입니다.

늙으면 돈은 인격이 됩니다

100살이 넘었지만 여전히 방송과 강연, 집필 등 왕성한 활동을 하고 있는 김형석 교수는 『백년을 살아보니』라는 책을 통해 "인생은 늙어 가는 것이 아니라 익어가는 것이다"라고 말했습니다. 그리고 재산과 행복의 함수에 대해서는 "경제적으로는 중산층일지 몰라도 정신적으로는 상위층에 속하는 사람이 행복하고, 사회에도 기여하게 된다"고 하며 '인격 수준만큼의 재산을 갖는 것'을 삶의 원칙으로 삼으라고 했습니다.

시바다 도요라는 일본 할머니는, 92세부터 쓴 시를 모아 98세가 되던 해 『약해지지 마』라는 시집을 냈습니다. 시집 발간을 위해 그동안 모아온 장례비용 100만 엔을 몽땅 털어 넣었습니다. 그 시집에서 할머니는 "아흔여덟 살에도 사랑을 하고, 꿈도 꾸고, 구름이라도 오르고 싶다"라고 했습니다. 또, "사람들이 친절을 베풀면 마음속에 저금을 해 두었다가, 외롭고 힘들다고 느껴질 때 그걸 꺼내 힘을 얻으라"며 "연금보다 좋다"라고 했습니다.

두 분의 말씀은 아름다운 인생과 삶의 지혜가 녹아 있어 많은 사람들에게 큰 울림을 줍니다. 그러나 대다수 사람들은 늙어 가는 것을 슬퍼하고, 아쉬웠던 부분을 상기하며 후회하고, 병들고, 소외되어 가는 것을 두려워합니다. 모든 노인들이 다 같을 수는 없기 때문이죠. 특히 노후에 경제적인 어려움까지 겹치면, 그 두려움은 공포로 변합니다. 그래서 '늙는다는 것이 죄는 아닌데 이상하게 자꾸 죄인이 되어간다는 생각이 든다'며 '앞으로 남은 인생 하루하루 끼니 걱정 없이 살다 죽게만 해 주면 바랄 게 없다'는 노인들도 많습니다. 50%에 가까운 우리나라 노인 빈곤율은 늙어서까지 생계 걱정이 떠나지 않는 노인들이 얼마나 많은지 알려 줍니다.

소크라테스는 '장사꾼처럼 온통 돈벌이에만 눈이 멀어 자신의 고매한 영혼을 돌보는 일에는 신경을 쓰지 않는 것이야말로 부끄러운 일'이라고 했습니다. '돈만 좇지 말고 보다 내면의 인격을 돌보는 일을 소홀히 하지 말라'는 말입니다. 그런데 아무리 훌륭한 인격을 갖춰도 돈이 없으면 무시당하고, 스스로도 위축이 되는 것이 사실입니다. 특히, 나이가 들면 더욱 그렇습니다. 예쁜 손주에게 줄 용돈 하나 없는 노인을 떠올려 보십시오.

'늙으면 돈은 인격이 된다'고 합니다. 나이가 들어 갈수록 돈이 그 사람의 인격 수준을 대변한다는 말이죠. 여기서 말하는 돈은 꼭 큰돈을 말하는 것이 아닙니다. 늙어 갈수록 자신의 인격을 뒷받침해 줄 최소한의 돈이 꼭 필요하다는 것이죠. 얼마 남지 않은 노후의 아까운 시간들이 종로 바닥, 파고다 공원 한 모퉁이, 또는 눈치 없는 전철 한 귀퉁이에서 함부로 사그라들지 않도록, 최소한의 준비가 필요합니다. 그 준비의 다른 이름은 연금입니다.

요즘 액티브 시니어가 주목받고 있습니다. 액티브 시니어는 은퇴 후에도 새로운 일에 도전하고, 여가 생활을 즐기며, 사회활동에도 적극적으로 참여하는 노인들을 말합니다. 액티브 시니어의 기반은 경제력이고 연금입니다. 노인들 사이에서 선망의 대상이 되는 것은 건강과 연금뿐이라고 해도 과언이 아닙니다. 은퇴를 앞두고 있거나 은퇴를 준비하는 사람들 모두 좀 더 계획적으로 연금을 준비하시면 좋겠습니다.

연금은 어떻게 준비해야 할까요? 먼저 자신의 노후자산 준비 현황부터 점검을 해야 합니다. 누가 뭐라 해도 노후준비의 기본이 되는 것은 국민연금, 퇴직연금, 개인연금이라고 하는 3층보장제도입니다. 금융감독원 통합연금포털이나 금융회사에서 제공하는 노후준비진단 프로그램을 활용하면 이 세 가지에 대한 준비상황을 쉽게 알 수 있습니다. 이 세 가지만 잘 준비해도 은퇴준비의 절반 이상은 성공이라고 보입니다.

만약에 3층 보장이 부족하다면, 주택이나 농지 같은 보유 자산을 연금화하거나, 은퇴 시점까지 돈을 모아 은퇴 후 즉시 연금이나, 채권, 고배당부, 월지급식 펀드, 리츠 같은 인컴형 자산에 투자하여 추가적인 노후소득을 확보해야 합니다. 그런데 계획적으로 준비하지 않으면 은퇴 시점까지 목돈을 모으기는 쉽지 않습니다. 따라서 '늙어서 연금'은 '젊어서 저축'이 전제되지 않으면 안 됩니다. 젊어서 저축에 대한 기초지식이 필요한 분들은 앞서 발간한 제 책 『행복한 부자로 가는 4가지 습관』을 읽어 보십시오.

최근에 유행하는 말 중에 '파이어족'이 있습니다. 파이어(FIRE)족은 경제적 자립을 통해 조기은퇴(Financial Independence-Retire Early)를 꿈꾸는 젊은이들을 말합니다. 파이어족은 경제불황이 지속되는 가운데 부모 세대인 베이비붐 세대가 은퇴 후에도 경제적인 어려움을 겪는 것을 보고 자란 젊은이들 속에서 생겨났습니다. 일찍 돈을 모아 부모들처럼 살지 않겠다는 젊은이들이 많아지고 있어 다행이라고 할까요?

NH증권 100세 시대 연구소의 조사에 따르면 우리나라 MZ세대(만 25~39세) 3명 중 2명은 조기은퇴를 꿈꾼다고 합니다. 그들이 희망하는 평균 은퇴 연령은 51세, 목표자금은 13억 7천만 원입니다. 조기은퇴를 꿈꾸지 않는 젊은이들에 비해 목표 은퇴 연령은 11세나 빠르고, 목표자금은 1억 2천만 원이 많습니다. 모든 일에는 목표를 갖는 것이 첫 번째인데, 이처럼 야무진 목표를 가지고 도전하는 파이어족 젊은이들을 응원합니다.

 파이어족을 꿈꾸는 젊은이들은 은퇴 전 재정적 자립을 목표로, 수입의 절반 이상을 저축과 투자에 쏟아붓고 있습니다 '늙어서 연금'을 위하여 '젊어서 저축'에 올인한다고 할까요? 이들은 부모 세대에 비해 일찍 투자에 나섰고, 투자 방법도 다양하며, 기대하는 수익률도 높습니다. 어떻게 보면 부모 세대보다 훨씬 더 현명한 것이죠. 늙으면 돈이 인격이 되는 시대에 우리 젊은이들이 은퇴 시점까지 준비를 잘해서 부모 세대보다 더 훌륭한 인격을 갖추고, 더 풍요로운 노후를 보낼 수 있기를 바랍니다.

참고문헌

단행본

문정희, 유인경(2015), 『여자의 몸』, 여백미디어
박영숙, 제롬 글렌(2015), 『유엔미래보고서 2045』, 교보문고
박석준(2015), 『동의보감, 과학을 논하다』, 바오출판사
요나스 요나손(2013), 『창문 넘어 도망친 100세 노인』, 임호경 역, 열린책들
베르나르 베르베르(2013), 『나무』, 이세욱 역, 열린책들
조옥현(2013), 『나이 들면, 추억하는 것은 모두 슬프다』, 생각의창고
NHK 스페셜 제작팀(2016), 『노후파산(장수의 악몽)』, 김정환 역, 다산북스
스기야마 유미코(2017), 『졸혼 시대』, 장은주 역, 더퀘스트
후지타 다카노리(2016), 『2020 하류노인이 온다』, 홍성민 역, 청림출판
정성진(2023), 『실전 보험과 세금』, 에듀예지
삼성생명FP센터(2014), 『삼성생명 재무설계 총서』, 새로운제안
댄 가드너(2012), 『이유 없는 두려움』, 김고명 역, 지식갤러리
피터 드러커(2007), 『피터 드러커 매니지먼트』, 남상진 역, 청림출판
김형석(2016), 『백년을 살아보니』, 덴스토리
시바타 도요(2013), 『약해지지 마』, 채숙향 역, 지식여행
김광주(2014), 『당신의 가난을 경영하라』, 원앤원북스
정운현(2013), 『情이란 무엇인가』, 책보세

🔵 참고자료

통계청(20221206), 「2021년 생명표」

한국보건사회연구원(20220808), 「교육 수준별 사망 불평등의 추이와 특징」

국민연금공단 국민연금연구원(2019), 「중·고령자의 비재무적 노후생활 실태」

한국보건사회연구원(2017), 「노인실태조사」

국민건강보험공단(2021), 「건강보험주요통계」

NH투자증권 100세 시대 연구소(2017), 「행복리포트 34호」

듀오(2021), 「결혼비용 실태보고서」

보험개발원(2018), 「KIDI 은퇴 시장 리포트」

보건복지부(2020), 「국민건강영양조사」

통계청(2021), 「2020년 혼인 이혼 통계」

보건복지부(2021), 「2020년 노인학대 현황 보고서」

한국은행(2015), 「2015년 가계금융복지조사」

미래에셋은퇴연구소(2019), 「은퇴라이프트렌드 조사보고서」

통계청(2019), 「연간 지출 가계동향조사 결과」

KEB하나은행, 하나금융경영연구소(2019), 「부자보고서」

🔵 신문기사

김종립, "난쟁이 행렬과 평균의 진실", 수학동아, 2018.04.04., https://m.post.naver.com/viewer/postView.nhn?volumeNo=14467270&memberNo=16868720

장애리, "[노후는 안녕하십니까, 은퇴자에 묻다] 샐러리맨 은퇴에도 '월수 600', 비결은 임대와 재취업", 이코노믹리뷰, 2016.01.13., https://www.econovill.com/news/articleView.html?idxno=276195